指向核心素养的

高中英语
教学设计

任美琴◎主编

东北师范大学出版社

长　春

图书在版编目（CIP）数据

指向核心素养的高中英语教学设计 / 任美琴主编
—长春：东北师范大学出版社，2020.12
ISBN 978-7-5681-7468-8

Ⅰ.①指… Ⅱ.①任… Ⅲ.①英语课—教学设计—高
中 Ⅳ.①G633.412

中国版本图书馆CIP数据核字（2020）第259953号

□责任编辑：邓江英　　　　　□封面设计：言之凿
□责任校对：刘彦妮　张小娅　□责任印制：许　冰

东北师范大学出版社出版发行
长春净月经济开发区金宝街 118 号（邮政编码：130117）
电话：0431-84568115
网址：http：//www.nenup.com
北京言之凿文化发展有限公司设计部制版
北京政采印刷服务有限公司印装
北京市中关村科技园区通州园金桥科技产业基地环科中路 17 号（邮编：101102）
2022年6月第1版　2022年6月第1次印刷
幅面尺寸：170mm×240mm　印张：16　字数：264千

定价：45.00元

编委会

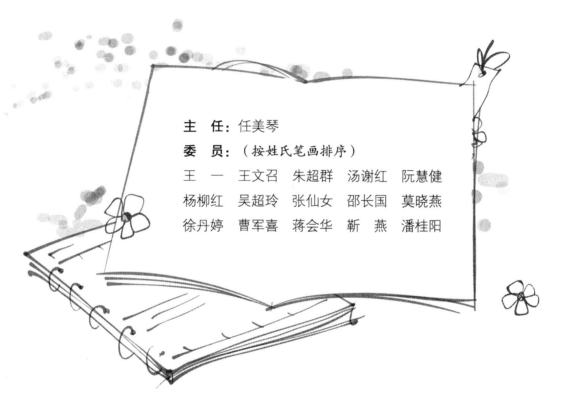

  台州市任美琴名师工作室在首批学员完成浙江省教育科学规划课题《目标导向的高中英语学习研究》后，于2015年迎来了台州市各市、县、区的第二批优秀学员。《目标导向的高中英语学习研究》成果尽管获得了教育部首届教学成果奖二等奖（2014年），但随着课程改革的不断深入，在核心素养背景下，研究尚需继续深入。2015年9月，我们针对新入学的高一新生开展了英语学习问卷调查和英语诊断性测试，根据调查结果和诊断性测试结果统计中发现的问题，我们思考并开展了《指向核心素养的高中英语教学设计》的课题研究。10月份，课题形成课题申请报告初稿并申报了浙江省教育科学规划课题。2016年2月获浙江省教科规划领导小组办公室立项。同年3月，依托课题基地浙江临海市回浦中学，工作室全体学员和回浦中学部分骨干教师参与该课题研究，该课题共包括14项子课题。同年5月，14项子课题获台州市教科规划领导小组立项同意。我们围绕核心素养的英语教学设计共开展了20余次课题组学习、讨论和实践研究。2017年12月，14项子课题顺利结题。总课题研究历时近3年，于2018年11月顺利结题。

  在教育以发展学生核心素养为目标的大背景下，作为高中一门主要的学科，英语学科对促进学生核心素养的发展具有重要作用。通过构建指向核心素养的高中英语教学的设计框架，重构英语学习资源，优化学习方式，促进学生核心素养发展，达成预期研究目标。我们将草根研究课题的成果汇总形成《指向核心素养的高中英语教学设计》一书。本书由两大部分组成：第一部分，即第一章至第三章，是总课题内容，阐述了课题研究的背景和意义，提出指向高中英语核心素养的高中英语教学模型和教学设计的具体操作范式。第二部分，即第四章，是针对不同主题板块开展的实践研究，共14项子课题，围绕总课题框架，根据不同主题板块内容，进行具体目标分解、教学资源整合以及主题视域下教、学、评一体化设计。需要说明的是，子课题主题板块研究在《普通高中英语课程标准（2017年版）》出台前就进行了，我们根据学习主题做了分类，教师依据个人兴趣选择。

第一章至第三章的课题总报告内容由任美琴主笔，融合了集体智慧。书稿形成过程中，吴超玲参与教学设计构图和特征说明。第四章是围绕总课题开展的各主题板块的14项子课题专题实践研究。作者依次为：第一节张仙女，第二节杨柳红，第三节王一，第四节靳燕，第五节徐丹婷，第六节阮慧健，第七节王文召，第八节邵长国，第九节莫晓燕，第十节曹军喜，第十一节潘桂阳，第十二节朱超群，第十三节蒋会华，第十四节汤谢红。主题板块的章节排序基本按照子课题文件顺序进行排列。全书由任美琴统稿。在近3年的课题研究过程中，我们有幸得到课题基地学校回浦中学与子课题学校各位领导和教师的支持。没有他们，我们的课题研究不可能顺利完成。本研究还得到多名专家的悉心指导和帮助，为课题的顺利进行提供了理论上的指导和实践操作过程中答疑解惑的帮助。我们不会忘记台州学院王少非教授、陈建吉教授的指导，台州市教科所赵凌云所长亲临现场的指导，张国荣老师多次手把手的指点，还有其他许多专家和默默关心工作室成长的各位同人与朋友的支持。在此一并表示感谢！

浙江省正高级教师、特级教师施丽华老师应邀在百忙中抽出时间为本书审稿，东北师范大学出版社的编辑对本书的出版给予极大支持，对本书进行认真审校，并提出指导意见，在此致谢！

由于课题研究时间限制，课题报告总结仓促，加之水平有限，我们的书稿难免存在缺点与不足，恳请广大读者批评赐教。

任美琴

2019年10月

目录
CONTENTS ▶

第一章 引　论

第二章 指向核心素养的高中英语教学设计

第三章 成效与反思

第四章　指向核心素养的高中英语教学设计专题研究

附　录

引 论

自古以来，传道、授业解惑就是教师的主要职责。随着时代变迁、科技进步、国际交流的加强，以及社会事业的发展和人们对生活的各种追求，传统教学已经不能满足新时代人才培养需求；面对新的时代要求和环境，学生的学习目标和学习方式也必定产生变化。2014年，教育部印发了《关于全面深化课程改革落实立德树人根本任务的意见》，要求"研究制定学生发展核心素养体系和学业质量标准"。随后，《中国学生发展核心素养》发布，明确指出要以培养"全面发展的人"为核心，培养学生具有适应终身发展和社会发展需要的必备品格和关键能力。学生发展核心素养是落实立德树人根本任务的一项重要举措，也是适应教育改革发展趋势、提升我国国际竞争力的迫切需要。在全球化时代，高中英语学习必然成为学生学习的重要组成部分；作为基础教育阶段一门重要的学科，英语学科的核心素养也必然是学生核心素养发展的一个有机组成部分。《普通高中英语课程标准（2017年版）》规定高中英语学科核心素养由语言能力、文化意识、思维品质和学习能力组成。

　　发展学生核心素养的高中英语教学设计研究正是在这样的背景下开展起来的。

第一节　发展学生核心素养的意义

一、发展学生核心素养是时代发展的必然要求

随着经济全球化的不断发展、信息网络技术的快速进步、人民生活水平的提高，国际交流、思想交融、境外学习旅游变得普遍。作为基础教育阶段一门主要的学科，英语担当着语言沟通、传播文化和发展思维的教育重任，英语的工具性和人文性功能凸显。培养学生的语言交流能力，国际视野，让他们熟悉祖国和其他国家的文化与风俗，用英语讲好自己家乡和祖国的故事，成为教育工作者的重要任务。

科技领域日新月异，各领域对人才要求提高。以工业领域为例，近年德国政府提出了高科技战略计划"德国工业4.0"，我国政府提出"中国制造2025"计划。到2025年，我国制造业整体素质大幅提高，创新能力显著增强，全员劳动生产率明显提高，形成一批具有较强国际竞争力的跨国公司和产业集群，使我国在全球产业分工和价值链中的地位明显提升。这些变革势必会带动基础教育领域的改革和变动。如何培养在科技革命中有竞争力的人才和能担当祖国重任的下一代是我基础教育工作者面临的重要课题。英语教育同样承担着培养具有创造力、沟通力和领导力人才的重任。

英语能力是人才的重要语言能力。英语是全球使用最广泛的语种，提升学生英语能力意味着提升国家的对外竞争力。英语是基础教育阶段的一门主要学科，在使学生打好根基和储备英语人才方面，我们任重而道远。

信息技术日新月异，成长于移动互联网、大数据、人工智能新时代的青少年，思想意识、价值追求、个性特点更趋多样化。时代的变化和社会的发展要求青少年进一步提高综合素质和参与构建人类命运共同体所需要的能力。

因此，我们不能只把英语教育看作英语知识的学习和英语能力的训练，它更是在培养年轻一代的跨文化交际能力和全球意识，是当代社会公民的素质教育。

时代发展离不开人才，人才的培养离不开人的素养提升。作为基础教育阶段的一门主要学科，英语承载着发展学生核心素养的重任。

二、发展学生核心素养是立德树人的时代需求

党的十八大报告对教育提出了要求：坚持教育为社会主义现代化建设服务，为人民服务、把立德树人作为教育的根本任务，培养德智体美全面发展的社会主义建设者和接班人。在教学中有机融入社会主义核心价值观的基本内容和要求，全面传承中华优秀传统文化，培养学生树立远大理想和崇高追求，形成正确的世界观、人生观、价值观，是立德树人的时代要求。

"英语学科在促进学生全面发展、贯彻党的教育方针、落实立德树人根本任务等方面具有非常重要的作用。"这就要求我们英语基础教学工作者转变以学科知识和技能为目标的教学观念，从"知识本位"转向"素养本位"，积极探索基于英语学科内容、依托英语教学活动的有效育人途径。在教学工作中以此为目标，增强学生社会责任感、创新精神和实践能力。

三、发展学生核心素养是新课程改革的方向标

"发展学生核心素养"是新一轮课程改革的方向标。《普通高中英语课程标准（2017年版）》（以下简称《新课标》）将发展学生核心素养作为学生发展的终极目标。为使学生适应21世纪社会、科技、经济的发展，《新课标》要求我们改变一直以来过于注重知识传授的教学方法，强调让学生形成积极主动的学习态度，使获得知识与技能的过程成为学生学会学习和形成正确价值观的过程，培养学生"自主、合作、探究"的学习方式，让学生形成鲜明的社会责任感、健全的人格、创新精神和实践能力、终身学习的愿望和能力、良好的信息素养和环境意识。同时提倡通过"英语学习活动"的途径达到课程终极目标，要求"教师应设计具有综合性、关联性和实践性特点的英语学习活动，使学生通过学习理解、应用实践、迁移创新等一系列集语言、文化、思维于一体的活动，获取、阐释和评判语篇意义，表达个人观点、意图和情感态度，

分析中外文化异同，发展多元思维和批判性思维，提高英语学习的能力和实际运用语言的能力"。教育和教学紧密相连，不可分割。学科课程结构决定学生的素养结构，核心素养需要通过学科学习来落实。一方面，核心素养指导、引领、辐射学科课程教学，彰显学科教学的育人价值，使之自觉为人的终身发展服务，将"教学"升华为"教育"；另一方面，核心素养的形成也依赖各个学科独特育人功能的发挥、学科本质魅力的发掘，只有乘上富有活力的学科教学之筏，才能顺利抵达核心素养之岸，才能为高中生终身学习和发展奠定基础。保证高中生基础学力的持续提高是高中教学的重要任务。英语学科作为一门主要学科，承担着发展学生核心素养的重任。高中课程内容的改革首先体现在强化外语能力方面。随着经济全球化的不断推进，具备外语能力对高中生终身发展具有重要意义。外语学科的能力体现在人际沟通，信息获取、信息记忆与转换、信息分析，民族文化、国际理解及文化认同上，这些构成学生核心素养的重要组成部分。这些能力和素养必将助力学生成才。《新课标》还指出：帮助学生发展跨文化交流能力，为他们学习其他学科知识、汲取世界文化精华、传播中华文化创造良好的条件，也为他们未来继续学习英语或选择就业提供更多机会。高中英语课程还应帮助学生树立人类命运共同体意识和多元文化意识，形成开放包容的态度，发展健康的审美情趣和良好的鉴赏能力，使学生加深对祖国文化的理解，增强爱国情怀，坚定文化自信，树立正确的世界观、人生观和价值观，为学生未来参与知识创新和科技创新，更好地适应世界多极化、经济全球化和社会信息化奠定基础。因此，通过高中阶段的英语教育，学生应学会用英语表达现实世界，学会用国际眼光观察现实世界，学会用所学的英语知识形成文化意识，学会用英语学习过程中形成的思维能力思考和解决问题。

第二节　高中英语教学现状

　　随着新课改逐步深化，高中英语教学取得了长足进步，但高中学生的学习状况与对其核心素养的要求仍然存在差距。发展学生核心素养呼声高，但教师照本宣科，花大量时间讲解词汇、语法，传授书本知识，以及运用"题海战术"等现象仍较普遍。2015年9月，本课题对浙江某中学高一近千名新生进行了英语学习问卷调查和英语学科诊断性测试，发现较多问题如下。

　　（1）应"题"教育现象普遍。学生习惯通过大量练习题目来提高英语成绩，其结果是学生学习只关注单一的知识点。由于缺乏主题引领的语言实践训练，学生不能使用英语交流，口语交际能力偏弱，语言能力不强。

　　（2）学生喜欢教师用汉语讲解英语知识。英语教学以教师为主导，重知识输入，导致学生英语学习不能深入，更不会形成高阶思维与创新。从口试与阅读写作错误统计来看，涉及思维内容的测试项目学生成绩不高，思维能力低下。

　　（3）核心素养作为上位目标，抽象、宏观，不能观察、不能测量。学生的学习本质上就是接近学习目标的过程。如果上位目标难以成为具体的驱动学生学习和使用英语的动力，学生目标导向学习的能力会明显不足。调查结果也表明学生学习动机、自我认识、自我规划、自主学习能力不足，学习能力偏弱。

　　（4）教师教学设计随意。教学中，教师习惯照本宣科，上课课件采用拿来主义。至于教学目标、教学材料等，则缺乏整体规划，作业布置随意。

　　主要原因包括两点：一是教师教学设计"浅、碎、杂"；二是学生学习资源单一，缺少多元化、国际化。发展学生的核心素养，既需要宏观的顶层设计，更依赖微观的课堂教学。课堂教学若不加以精心设计就难以发挥培养学生核心素养的功能。正是在这样的背景下，课题组在多年的英语教学实践经验及完成课题"目标导向的高中英语学习研究"的基础上，提出了"基于发展学生核心素养的高中英语教学设计"课题，试图以核心素养的发展为目标，明确教学内容主题，构建基于核心素养发展教学设计的一般框架，继而设计英语教学、英语学习和评价活动，改变教师的教学方式和学生的学习方式，融核心素养教育于英语学科教学，浸润课堂，渗透于学生日常学习的点滴之中。

第三节 核心素养研究文献综述

随着我国基础教育改革的不断深入，"学生核心素养"概念体系已引起了广大教育学者与一线教师的广泛关注，并成为新一轮基础教育课程深化改革的方向标。

从广义上讲，素养包括道德品质、外表形象、知识水平与能力各个方面。《辞海》对"素养"的解释为"经常修习涵养"。核心素养为素养中重要、主要、基本的内容，国外通常用"core competences"或者"key competences"来表示"核心素养"。李润洲认为：素养是指人平日的修养，而修养既指"理论、知识、艺术、思想等方面的一定水平"，也指"养成的正确的待人处事态度"。可以说，素养强调人对知识的日常累积与为人处世的道德修炼。

学生核心素养发展是国内外学者关注的焦点，世界各国的课程改革，无一不把目标指向学生的核心素养发展。国内外学者的研究主要针对学生核心素养的构成并对具体内容提出了要求。早在20世纪30年代，英国学者和丹麦的一些教育工作者就提出了关于媒体素养教育的主张。1997年12月，经济合作与发展组织（Organization for Economic Co-operation and Development）启动了"素养的界定与遴选：理论和概念基础"项目（Definition and Selection of Competencies: Theoretical and Conceptual Foundations）。1998年，该组织提出以下几方面的能力：人与自我方面——环境应变能力、创建管理生活规划和各类项目的能力、维护个人权益和需求的能力；人与工具方面——使用语言、符号和文本进行交流的能力，使用知识和信息的能力，使用技术的能力，如信息技术；人与社会方面——人与他人的关系，理解、包容他人的能力，共同协作的能力，处理和解决矛盾的能力。该项目的研究为国际上其他国家有关核心素养建构的研究提供了很好的范例和借鉴。1994年，美国总统克林顿签署《2000年目标：美国教育法》，正式将"Critical Thinking（CT）"列入全国教育教学目标。CT为学生核心素养的架构做了很好的铺垫并指明了方向。2003年，联合国教科文组织就核心素养强调：核心素养的培育需要终身学习，终身学习也需要核心素养。2005年，欧盟正式提出终身学习的八大核心素养。同年，我国台湾地区启动了核心素养研究，确立了专题研究设计——《界定与选择核心素养：概念参考架构与理论基础研究》。该研究从20个角度架构台湾人民的核心素养。不仅我国台湾地区，世界各国与国际组织也都对核心素养进行了建构。教育部组织专家研究出台了符合中国国情与现实需要的"中国学生核心素养指标体系"。2016年9月13日，课题组对外正式发布了研究成果——《中国学生发展核心素养》总体框架，并指出：中国学生发展核心素养，以科学性、时代性和民族性为基本原则，以培养"全面发展的人"为核心，分为文化基础、自主发展、社会参与三个方面。综合表现为人文底蕴、科学精神、学会学习、健康生活、责任担当、实践创新六大素养，具体细化为国家认同等十八个基本要点。根据这一总体框架，可针对学生年龄特点进一步提出各学段学生具体表现的要求。核心素养的发展离不开各学科学习教育。2017年，《新课标》面世，《新课标》对"学科核心素养"这一重要理念做了界定和说明：学生学习外语的目的，不仅是学习一项语言技能，同时应注重通过外语学习和对外国文化的了解与借鉴，促进自身价值观、人生观的发展和综合人文素养的提高。学科核心素养是学科育人价值的体现，是学生通过学科学习而逐步形成的正确价值观念、必备品格和关键能力。英语学科核心素养主要包括语言能力、文化意识、思维品质和学习能力。

从实践层面看，早在教育部关于核心素养体系公布之前，就有一些学校在尝试进行基于核心素养的教学活动。例如，清华附小2013年进行了《基于学生核心素养发展的"1+X课程"建构与实施》改革。2014年北京东城区教育研修学院从科学学科入手，进行了小学、初中和高中的科学核心素养发展实践。同年，无锡东林中学进行了发展学生核心素养的研究实践。随着核心素养和《新课标》的面世，近年来，有关核心素养发展的基础教育学术会议成为热点话题，基于核心素养的教育教学实践更是成为中小学学校和教师教学实践的重点。例如，肖东琦老师的《利用实验教学，促进学生核心素的发展的教学实践》、刘李治老师的《基于发展学术化学学科核心素养的实验研究》、北京第二实验小学校长芦咏莉的《思维型教学在校内的落地实践》、西安市育才中学刘文震的《基于物理学科核心素养下的实验教学实践研究》、贵州省安顺市西秀区双堡镇塘山小学王兴学老师的《基于核心素养下的有效课堂教学管理实践》等如雨后春笋般出现于基础教育的各个领域。但这些研究还处于起步阶段，涉及范围比较广，但均未能深入，尤其对基于核心素养的教学设计探索有限，更未能将教学设计视为课程设计、教与学的活动设计和评价设计的整合体。同时，关于高中阶段，尤其是关于高中英语基于核心素养的教学探索比较少见。

综上，核心素养成为国内外专家和教育工作者关注的重点，发展学生核心素养是时代发展的要求，是立德树人的要求，是学生提升自身品格和能力，以适应日新月异的高科技时代的要求。

📑 参考文献

［1］中华人民共和国教育部.普通高中英语课程标准（2017年版）［M］.北京：人民教育出版社，2018.

［2］李宇明.提升国家外语能力任重而道远［N］.人民日报，2017-02-06.

［3］程晓堂，赵思奇.英语学科核心素养的实质内涵［J］.课程·教材·教法，2016，36（05）：79-86.

［4］李润洲.指向学科核心素养的教学设计［J］.课程·教材·教法，2018，38（07）：35-40.

［5］钟启泉.核心素养的"核心"在哪里［N］.中国教育报，2015-04-01（7）.

［6］裴昌根，宋乃庆.基于核心素养的优质高效课堂教学探析［J］.课程·教材·教法，2016，36（11）：45-49.

［7］李润洲.核心素养视域下的知识教学［J］.教育发展研究，2017，37（08）：69-76.

［8］常飒飒.基于核心素养发展的欧盟创业教育研究［D］.长春：东北师范大学，2019.

［9］覃丽君.德国教师教育研究［D］.重庆：西南大学，2014.

［10］李艳红.美国关键语言教育政策的战略演变［D］.北京：北京外国语
　　　大学，2015.

［11］张咏梅，胡进，田一，等.学生发展核心素养应用路径的实证研
　　　究——以北京市义务教育阶段学业标准为载体［J］.教育科学研究，
　　　2018（01）：15-24.

第二章

指向核心素养的高中英语教学设计

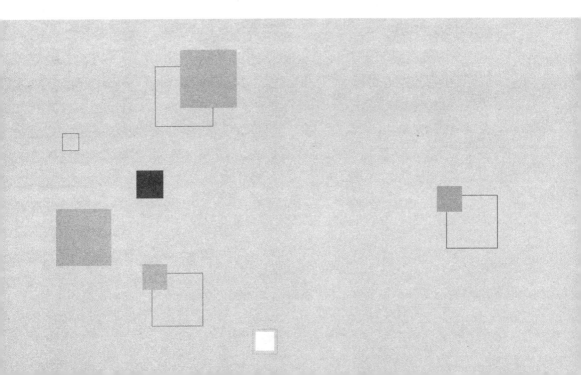

本研究的教学设计是广义概念，包含教学目标设计、教学内容设计、教与学活动设计及评价活动设计。本质上是课程内容设计、教与学设计及评价设计的整合，涉及目标、内容、实施和评价四大板块内容。因此，它必然涉及教师与学生的教、学、评，以及教学目标、教学资源设计。其中，英语核心素养为上位目标；教学内容以主题为统领，以教材为核心，整合其他纸质、音像等多模态学习资源；教与学的设计即发展学生自主学习的教、学、评一体化设计，包括课前预习任务、课后学习任务设计等；评价设计既涉及形成性评价，也涉及终结性评价。

第一节　英语学科核心素养的内容

　　《新课标》指出，学生学习外语的目的不仅是学习一项语言技能，还要通过外语学习和对外国文化的了解与借鉴，促进自身价值观、人生观的发展和综合人文素养的提高。《新课标》以"培养和发展学生在接受高中英语教育后应具备的语言能力、文化意识、思维品质、学习能力等学科核心素养"为总目标，规定高中英语学科核心素养由"语言能力、文化意识、思维品质和学习能力"组成。语言能力——在社会情境中借助语言来理解和表达意义的能力；文化意识——对中外文化的理解和对优秀文化的认知；思维品质——人的思维个性特征，反映学生在思维的逻辑性、批判性、创造性等方面的水平和特点；学习能力——学生拓宽学习渠道，积极调适学习策略，努力提升学习效率的意识、品质和潜能。

　　《新课标》规定英语课程内容的六个要素为"主题语境""语篇类型""语言知识""文化知识""语言技能""学习策略"。其中主题语境由"人与自我""人与社会""人与自然"组成，涉及人文社会科学和自然科学领域方面的内容。语言技能要求在原来听、说、读、写的基础上，增加另一项技能——"看（viewing）"。《新课标》提倡在主题意义引领下开展英语学习活动，要求教师以学生为中心呈现课程内容，以学习活动为载体开展以学生发展为目标的教学活动，提倡"学习理解、应用实践、迁移创新"的学习活动观。

第二节 指向核心素养的教学设计特征

学科素养是指学生通过某学科的学习而形成的正确价值观念、必备品格和关键能力。它是建立在学科知识技能的基础上，整合情感、态度和价值观而形成的综合性的内在品质和能力。为此，不同于传统的教学设计，发展学生核心素养的高中英语教学设计，应该是综合性（整合式）且具有深度的教学设计。具体特征如下。

一、延展性

从广度来说，课题突破传统的课堂教学设计模式，是大单元教学视域下的教学设计，以主题单元为核心，基于主题意义有效整合单元教学内容。同时，发展学生核心素养的教学设计以课堂教学设计为中心，延伸至课前预习设计和课后拓展设计。学科素养的培养不局限于课堂主阵地，可延伸拓展到课堂外，让学生在课内外都保持学习热情，促进学生学习能力和思维能力的持续发展。

二、探究性

发展学生核心素养的高中英语教学设计是深度教学设计。它体现的是学生在主题意义的引领下，通过学习理解、应用实践、迁移创新等一系列体现综合性、关联性和实践性等特点的英语学习活动，基于已有知识，依托不同类型的语篇，通过个体学习和合作学习，在分析问题和解决问题的过程中，促进自身语言知识学习、语言技能的发展，对文化内涵的理解，多元思维的发展，价值取向的判断，以及学习策略的运用。

三、有效性

发展学生核心素养的高中英语教学设计倡导教、学、评一体化的教学理念。评价始终贯穿整个教与学的活动过程。评价用于检查反馈教学效果，利于师生及时调整教学策略和学习策略，从而更好地促进学习目标的达成。

综上所述，发展学生核心素养的高中英语教学设计定位是大单元教学视域下的深度教学设计，针对的是目前高中英语教学中"浅、碎、杂"的问题，其核心是由零散走向关联、由浅显走向深入、由脱离生活需要走向实际的问题解决。

第三节　指向核心素养的教学模型构建

指向学生核心素养的高中英语单元教学设计模型是依据《新课标》，以"人与社会""人与自然""人与自我"主题意义学习资源为载体，以分解核心素养层级目标为导向，以主题意义探究的单元学习实践活动为途径，以评价为着落点构建的、全面发展学生学科核心素养的教学设计模型（见图2-3-1）。层级目标作为教材处理、学习任务设计、学习策略选择和学习评价的根本依据，最终发展学生英语学科核心素养。

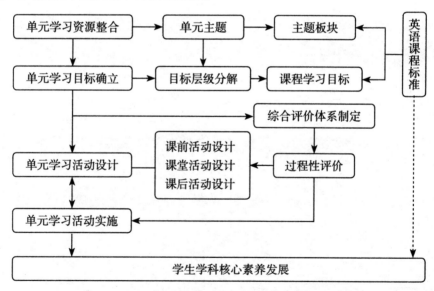

图2-3-1　发展学生核心素养的高中英语教学设计思路

大单元教学视域下的教学设计是以单元主题为统领的整体教学设计，具体包括整合单元学习资源、确立单元学习目标、设计单元学习活动、进行过程性评价。

第四节　基于单元主题，创建多模态主题学习资源

　　学习资源承载的学科知识是发展学生学科核心素养的"养料"。课程资源有狭义和广义两种。狭义的课程资源是指课堂上使用的教科书；广义的课程资源是指所有用于教学活动的材料，包括纸质和非纸质的。基于核心素养的课程资源泛指所有可用于学习的教材、音像等多模态主题学习资源。我们根据《新课标》的核心素养及学生学情，选择适合学生的主题教学内容，同时引导学生接触更广的如音频、报刊等多模态学习资源，提高和加大语言输入的质和量，促进其语言学习能力的发展。

　　根据二语习得理论，必须经过大容量的输入和输出才能养成语言能力。《新课标》指出：英语教学应以主题意义为引领，创设具有综合性、关联性和实践性的英语学习活动，引导学生采用自主、合作的学习方式，参与主题意义的探究活动。根据"人与社会、人与自然、人与自我"三个板块内容，课题组以现行人教版新教材和牛津版单元话题为蓝本，对必修一至必修五进行了以话题为板块的梳理和整合，整理出15个主题群，如宇宙探索、地理历史、娱乐、科技等，整合后的主题语境见表2-4-1。

表2-4-1　学习资源整合

主题板块		教材单元	单元主题
人与自然	Travelling & Environment（旅游与环境）	Book 1 Unit 3	"Travel Journal"（旅游日志）
		Book 2 Unit 4	"Wildlife Protection"（野生动物保护，野生动物保护的重要性）
	Disasters（灾害防范）	Book 1 Unit 4	"Earthquakes"（地震基础知识）

主题板块		教材单元	单元主题
人与自然	Space exploration（宇宙探索）	Book 3 Unit 4	"Astronomy：the Science of the Stars"（天文学：星体学）
	Agriculture（农业耕种）	Book 4 Unit 2	"Working the Land"（耕地农业：耕地先锋）
	Geography & History（地理和历史）	Book 3 Unit 5	"Canada—'The True North'"（加拿大地理：多元文化社会）
		Book 5 Unit 2	"The United Kingdom"（英国）
人与社会	Culture（文化）	Book 2 Unit 5	"Music"（各种不同种类的音乐）
		Book 2 Unit 1	"Cultural Relic"（文化遗产保护）
		Book 3 Unit 1	"Festivals around the World"（世界节日）
		Book 4 Unit 3	"A Taste of English Humor"（各种不同种类的英语幽默）
		Book 4 Unit 5	"Theme Parks"（各种不同的主题公园）
	Sports（运动）	Book 2 Unit 2	"The Olympic Games"（古代与现代奥运会）
	Language（语言）	Book 1 Unit 2	"English around the World"（世界英语语言与发展）
		Book 4 Unit 4	"Body Language"（肢体语言）
	Media（媒体）	Book 5 Unit 4	"Making the News"（新闻制作）
	Health（健康）	Book 3 Unit 2	"Healthy Eating"（饮食健康——节食问题）
		Book 5 Unit 5	"First Aid"（医疗急救）
	Literature（文学）	Book 3 Unit 3	"The Million Pound Bank Note"（百万英镑文）
	Science & Technology（科学与技术）	Book 2 Unit 3	"Computers"（电脑信息技术）
		Book 5 Unit 3	"Life in the Future"（未来生活变化预测）
	Famous Person（著名人物）Biography（人物传记）	Book 1 Unit 5	"Nelson Mandela - A Modern Hero"（现代英雄曼德拉）
		Book 4 Unit 2	"Working the land"（耕种土地）
		Book 5 Unit 1	"Great Scientists"（伟大的科学家）

主题板块		教材单元	单元主题
人与自我	Interpersonal relations（人际关系）	Book 1 Unit 1	"Friendship"（朋友与友谊）
	School life（校园生活）	（《牛津高中英语》）Book 1 Unit 1	"School Life in the UK"（英国的校园生活）

　　基于教材单元主题，明确单元核心知识，构建主题知识结构网，挖掘知识所承载的文化、思维、价值观等学科核心素养要素，拓展承载单元核心知识的包含音像、视频等多模态学习资源。以"人与社会"主题群为例，多模态学习资源可以这样组建，具体见表2-4-2。根据学情，在主题意义统领下，整合单元学习内容，真正体现"用教材教"，提高教学的有效性。

表2-4-2 "人与社会"主题学习资源群

主题板块	主题群	单元主题语境	人教版教材资源	拓展学习资源推荐
人与社会	文化	文化遗产	Book 2 Unit 1 "Cultural Relic"	① 外研社选修七 Module 7 Unit 6 "The World's Cultural Heritage" ② Website："Chinese Cultural Relics—Ancient Architecture" ③ BBC 纪录片：The Story of China
	科学与技术	科技发展与信息技术，科学精神，信息安全	Book 2 Unit 3 "Computers"	① 牛津上海版 Module 3 "The World of Science" Unit 5 "Technology All Around US" ② 外研社必修一 Module 6 "The Internet and Telecommunication" ③ 外研社必修三 Module 5 "Great People and Great Inventions of Ancient China" ④ BBC News：Can we trust a smart speaker?

　　依据整合后的主题板块，我们在台州市教科所的指导和支持下，依托名师工作室，确定了14个子课题并分别在台州市各个学校进行研究（见表2-4-3）。

表2-4-3　子课题一览表

编号	课题名称	负责人	单位
2016SC27901	发展学生核心素养的Travelling主题教学设计	王一	仙居中学
2016SC27902	发展学生核心素养的Language主题教学设计	杨柳红	台州中学
2016SC27903	发展学生核心素养的Culture主题教学设计	靳燕	台州一中
2016SC27904	发展学生核心素养的Health主题教学设计	徐丹婷	黄岩中学
2016SC27905	发展学生核心素养的Environment主题教学设计	阮慧健	温岭中学
2016SC27906	发展学生核心素养的Famous Person/Biography主题教学设计	王文召	三门中学
2016SC27907	发展学生核心素养的Sports主题教学设计	邵长国	玉环中学
2016SC27908	发展学生核心素养的Interpersonal Relations主题教学设计	莫晓燕	温岭二中
2016SC27909	发展学生核心素养的Geography & History主题教学设计	曹军喜	回浦中学
2016SC27910	发展学生核心素养的Literature主题教学设计	潘桂阳	天台中学
2016SC27911	发展学生核心素养的School Life主题教学设计	张仙女	仙居中学
2016SC27912	发展学生核心素养的Music主题教学设计	朱超群	回浦中学
2016SC27913	发展学生核心素养的Science主题教学设计	蒋会华	回浦中学
2016SC27914	发展学生核心素养的Media主题教学设计	汤谢红	回浦中学

　　人教版教材单元话题涉及科技、地理、名人、环保、自然、新闻及文化遗产保护等，而相同话题的单元教学设置却散布在不同的书中。为了突出主题意义统领的教学，进一步拓宽学生学习的渠道和学生的知识面，深入研究单元核心素养在教材中的内涵，课题组不仅整合了人教版教材选修六至选修九的话题，还参考了其他版本教材资源和报纸杂志、影视作品等多模态教学资源作为人教版教材必修部分的补充，如冀教版高中英语教材、外研社高中英语教材、牛津版高中英语教材等（见表2-4-4）。

表2-4-4　地理主题板块的教学材料整合

选自人教版高中英语教材的教学材料	选自其他版本高中英语教材的教学材料
人教版高中英语教材必修一至五： Book 1 Unit 3　"Travel journal" Book 3 Unit 5　"Canada—'The True North'" Book 5 Unit 2　"The United Kingdom"	外研版高中英语教材： Book 1 Unit 3　"My First Ride on a Train" Book 3 Unit 1　"Europe" Book 4 Unit 5　"A Trip Along the Three Gorges" Book 8 Unit 1　"Deep South"
人教版高中英语教材选修六至九： Book 6 Unit 5　"The Power of Nature" Book 7 Unit 3　"Under the See" Book 7 Unit 5　"Travelling abroad" Book 8 Unit 1　"A Land of diversity" Book 9 Unit 3　"Australia"	冀教版高中英语教材： Book 1 Unit 6　"Learning through Travel" Book 2 Unit 6　"Planning a Trip" Book 3 Unit 6　"Geography" Book 6 Unit 6　"Exploring Chinatown" Book 7 Unit 6　"The Great Wall"
补充材料： 20 Tips Before Traveling Internationally Traveling abroad? How to exchange currency?	补充视频： Family Album USA《走遍美国》 The Introduction of the UK《介绍英国》

第五节　指向核心素养，分解层级目标

目标是核心素养教学设计的"导航仪"。学科核心素养宏观、抽象，不容易形成驱动学生的具体动力。为了更好地建构核心素养，达成英语教学的"终极目标"，我们通过分解层级目标，构建高中英语学科素养目标体系。

毋庸置疑，将素养转化为可以导向教师和学生教与学的目标，是教学设计的难点和重点。但是，我们可以借鉴目标分解的方法，将核心素养进行分解，形成素养层级结构，即分解成多级结构的细化指标，便于师生对照教材，确定教与学目标。分解素养形成层级结构，是核心素养教学设计最为重要和关键的环节，也是检验教学设计是否指向核心素养的标准。

首先，依据《新课标》的英语核心素养，结合单元主题、单元内容及学情，将上位目标即语言能力、学习能力、文化品格和思维能力这些核心素养确定为匹配学习内容的一级目标；其次，借鉴目标分解的方法，通过替代、拆解、组合等，将一级目标分解为相应的二级目标。最后，进行三级甚至四级分解（见表2-5-1），分解成多层级结构的细化指标。每一层级的目标均包括结果性目标和体验性目标，为教学设计提供了可靠依据。

表2-5-1　单元目标层级分解

一级	二级	三级	四级
语言知识	认知并掌握主题涉及的语言知识（输入）	认知并掌握主题涉及的词汇与结构表达	了解具体详细的主题词汇与结构
		认知并掌握主题知识	了解具体详细的主题知识
	获取语篇具体信息（输入）	了解语篇具体信息	了解语篇所涉及的话题具体信息，为语言输出做好储备

续 表

一级	二级	三级		四级	
语言知识	解释并重组语篇信息（内化）	概括、解释、归纳、比较文本信息		借助段落和文章大意，比较、归纳、推断文本内涵；把握文脉，厘清上下文逻辑关系	
	欣赏语篇语言（内化）	积累并模仿语篇语言		欣赏语篇中与主题相关的佳句，解释分析语篇中的复杂句	
	交流并迁移（输出）	口头、笔头表达相关话题知识		口头描述与单元主题相关的日常表达、书面表达（应用文、读后续写、概要写作）	
文化意识	认知、理解和尊重文化的多样性和差异性	了解多元文化，认知文化多样性（文化的具体方面根据主题话题而定）；了解多元语言文化；了解不同文化之间的差异性；尊重文化的多样性和差异性，具有面向世界的开放心态和文化自信			具体主题文化内容
	比较世界与中华文化的异同	比较世界与中华文化的异同，体会不同国家文化的博大精深、源远流长	借助语篇学习，理解、包容和借鉴世界各民族的多元文化，吸收人类文化精华		具体主题文化比较
	领悟优秀文化的精神内涵	感悟中外优秀文化的精神内涵，理解和欣赏所学内容的语言美和意蕴美，树立正确的价值观，形成积极的道德情感，并内化为个人的意识和品行			
	树立传播中华优秀文化的意识	继承和发扬本民族的优秀文化，传播祖国优秀传统文化，使中华民族的优秀文化进步发展			具体内容与形式
思维品质	多元思维能力	逻辑性思维	在感性认识的基础上，运用概念、判断、推理等形式对语篇信息进行解读，归纳总结语篇观点		
		创新性思维	通过主题学习和活动，提出自己观点，撰写并设计创意项目		
		批判性思维	质疑主题内容观点，评价作者态度，正确评判各种思想观点，理性表达自己的观点，提出自己的想法		
	分析、推断、概括	主题语篇分类，概括信息；分析、推断信息的逻辑关系；具备用英语进行多元思维思考的能力			
学习能力	自主学习能力	主动完成主题预习任务，积极参与课堂学习，高质量完成课后相关主题作业与复习			
	调控能力	积极调适自己的不良情绪，具有持久的学习兴趣和热情；有效监控和管理学习过程			
	合作能力	积极参与小组合作活动，乐于分享自己的学习成果，认真倾听同伴的观点和看法，对该主题具有良好的沟通能力			
	探究能力	积极探索，大胆猜想、质疑与主题相关领域知识等			
	资源整合能力	借助现代信息技术，迅速筛选和获取信息，准确地鉴别提取信息，创造性地加工和处理主题信息			

三年来，课题组针对每个主题进行了核心素养的目标层级分解，建构了核心素养教学设计的目标框架。

第六节　遵循深度学习理念，设计单元学习活动

主题单元教学设计的核心是"教、学、评一体化"的整体设计，还包括供学生课外预学的任务设计和评价设计，后两个可作为教学设计的补充。它们互相包容、不可分割。

一、"教、学、评一体化"活动设计

教学设计的核心是学生的学习活动设计。指向核心素养的英语教学设计倡导基于大单元的"教、学、评一体化"的设计理念，教与学紧密互动，评价镶嵌于教与学之中，并始终贯穿于教与学活动过程。单元主题统领的整体教学设计的具体操作如下：首先，依据学习材料与层级目标，整体规划单元学习任务，设计有"梯度"的主题学习活动。其次，拆解学习任务，统筹安排课上活动与课下任务。任务设计遵循布卢姆教育目标分类观（见图2-6-1），以及《新课标》提倡的"学习理解、应用实践、迁移创新"（见图2-6-2）学习活动观，由易到难，由简单到复杂，由低级到高级，互相关联，螺旋上升。

单元学习活动设计主要包括：第一，设计课前自主预习任务，启发学生对主题的认知，激发学生参与主题探究的兴趣，调动学生已有的基于该主题的经验；第二，设计一系列具有综合性、关联性特点的课堂语言学习和思维活动，推动学生对主题的深度学习；第三，将主题学习内容与学生的生活建立密切关系，鼓励学生运用语言，开展对语言、意义和文化内涵的实践探究与迁移创新。评价任务贯穿于各个学习环节。通过评价活动，学生可及时反思目标达成情况，不断调整学习策略，更好地促进核心素养的形成。

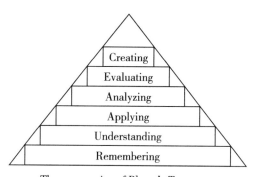

图2-6-1　布卢姆教育目标分类

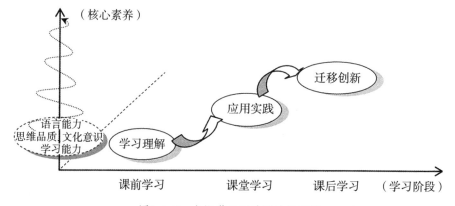

图2-6-2　主题学习活动设计示意图

以课题组对人教版英语必修三Unit 5 "Canada—The True North Reading：A trip on the True North"设计为例。首先，根据主题材料和学情进行素养层级分解，确定学习目标（见表2-6-1）及教学用具（多媒体课件、世界地图和加拿大地图挂图）；其次，围绕目标设计主题学习任务。

表2-6-1　Unit 5目标层级分解

一级	二级	三级	四级
语言能力	认知并掌握加拿大地理知识（输入）	认知并掌握相关地理词汇	Vancouver, Montreal, Calgary, Toronto, Thunder Bay, the Great Lakes, the St. Lawrence River, the Niagara Falls, the Pacific Ocean, the Rocky Mountains, the Atlantic Coast, the North America Continent, go eastward, be surrounded by, within a few kilometres of USA border, an urban area, fresh water

续 表

一级	二级	三级	四级
语言能力	认知并掌握加拿大地理知识（输入）	认知并掌握其他词汇	on a trip to, have a gift for, the cross-Canada train, great scenery, measure, settle down, manage to do, catch sight of, cross the whole continent, sail in the harbor, a grizzly bear and an eagle, a cowboy, compete in the Stampede, slightly, Prime Minister, a multicultural country
	获取语篇具体信息（输入）	了解语篇具体信息	了解李黛玉和其堂兄加拿大旅游的交通方式及旅游线路；了解加拿大的地理特征——地理位置、面积，东西海岸距离，山脉、森林、河流、湖泊、人口、城市、文化娱乐等；了解Vancouver、Thunder Bay、Calgary的具体信息
		描述方位	描述几个主要城市和加拿大国土方位
	解释并重组语篇信息（内化）	解释、归纳、概括语篇内容	阐释标题意义；概括语篇和段落主旨大意；重组文本信息，概括语篇内容；把握文脉，厘清上下文逻辑关系
	积累并欣赏语篇语言（内化）	模仿并欣赏语篇	欣赏异国风情，解释分析含有同位语从句的复杂句子，欣赏结构复杂、表达优美的句子，模仿、记忆优美句子
	交流并迁移（输出）	口头、笔头表达地理信息知识	描述加拿大具体地理特征和方位，描述加拿大主要城市与河流湖泊，模仿游记介绍其他城市或国家
文化意识	认知并理解文化多样性		了解多元文化，认知文化多样性；了解世界地理文化和旅游文化；了解加拿大赛马会等人文文化；了解多元语言文化
	认识文化传播手段——旅游		了解文化传播手段——旅游，关注并积极参与文化传播与交流活动；在运用英语语言的过程中，初步形成对人与社会、人与自然关系的思考和认识；清楚加拿大的具体方位、邻国，了解加拿大的自然资源（lakes, mountains, rivers, animals）
	比较世界与中华文化的异同		比较加拿大文化与中华文化异同，体会两国文化的博大精深、源远流长；借助文本，学习、理解、包容和借鉴加拿大民族多元文化，吸收人类文化精华
思维品质	地理时空区域思维	时空思维	运用地图理解和描述空间位置关系，建立形与语言的关系；分析地理和自然资源特征；利用地图发展直观和空间想象能力，增强运用图形和空间想象的意识，提高言形结合能力
		区域思维	观察、分析和认识不同区域的地理环境特点，掌握区域认知方法，从区域时空视角认识地理现象；运用区域综合分析、区域比较等方式，认识区域特征和区域人地关系，形成因地制宜进行区域开发的观念，提升环境应变能力

续 表

一级	二级	三级	四级
思维品质	分析、推断、概括信息	分类、概括信息；分析、推断信息的逻辑关系；正确评判各种思想观点，理性表达自己的观点，具备初步用英语进行多元思维的能力	
学习能力	自主学习	搜索加拿大相关地理知识	完成加拿大信息quiz；搜寻加拿大地图，在图上认读、标识城市山脉及河流等名称；查询加拿大相关地理、人文信息等
		预习课文生词、结构等知识	预习词汇，记忆词汇的音、形、义；查阅词典，初步学会词汇运用；自学课文内容，提出问题
	反思调控学习	对照目标，反思单元学习得失；总结单元学习，评价学习结果，调控学习策略	

　　层级目标分解，依据《新课标》和学情，将一级宏观目标分解到四级具体、可观察的细化目标，学生可以对照目标进行学习和反思评价。然后，围绕层级目标，学习活动任务，设计四个步骤、七项活动（见表2-6-2）。

表2-6-2　Unit 5 Book 3　"Canada—The True North" 教学活动设计（王文召）

人与自然地理主题板块	Teaching material: "The True North"	Other resources: see appendix
学习目标（objectives）：After this unit, students will be able to...		
教学媒体：多媒体课件制作、世界地图和加拿大地图挂图		
学习活动设计		设计说明
导入： 活动一：介绍自己的家乡 活动二：预习反馈		热身与自学反馈，预习学习任务评价，从课前任务导入课堂学习，是"学习理解"阶段
文本解读： 活动三：标题解读 What else do you want to know about Canada? Let's go into the reading passage. What is the title? What is "the True North"? 活动四：读图 Who is going on the trip? What is the route to the destination? Look at the map. Could you please pick out the names of the mountains, cities, rivers and lakes?		引导学生解读标题；通过读图方式引导学生学习英语语言及山脉、湖泊、淡水、城市等地理知识；引导学生梳理和解读文本，提取文本信息，厘清文本脉络。这些活动的背后隐藏着教师发展学生核心素养的真正目的，是从"输入学习"或"学习理解"阶段走向"应用实践"阶段

续 表

学习活动设计	设计说明
Li Daiyu and her cousin will go through and draw the line or route to the destination. 活动五：具体描述山脉、湖泊、城市 Since we know the cousins' route to the destination, let's go deep into the cities, lakes, mountains to know the attraction of them	
活动六：分析、概括和重组 What words would you use to describe Canada after reading the passage? Give your reasons 活动七：评价、创新、输出运用 The world is so big that it is worth a visit. Suppose you are Li Daiyu, and you are interviewed by a journalist from a local English TV program. You are asked to recommend places to visit and give your reasons Work in pairs to make up a conversation and write it in your exercise books	学习的最高境界在于综合评价和创新。活动六和活动七的"输出运用"活动设计符合第二语言习得规律——"输入—内化—输出"，尤其是任务七"推荐加拿大旅游胜地并给出理由"的评价活动，能让学生在活动中总结反思自己的学习掌握情况。语言学习不是孤立学习词汇、语法和课文，而是个通过一定社会情境、话题内容进行语言理解，内化、重构语言意义的过程，最终达到运用语言进行思考，提升学习能力，培养跨英语学科综合素养的目的
"迁移创新"阶段： Appendix： （1）National Geographic Special （2015）（语篇）— *"The World's Most Beautiful Places"* （2）VOA Special English（音频）— "Vienna is the Most Livable City" （3）BBC Documentary（视频）— "Scotland's Landscape 2010"	

　　由于篇幅限制，我们仅使用了设计简案。从表中可以看出，教师紧紧围绕目标开展活动设计——从课前预习任务讨论到引导学生梳理学习语篇、概括提取信息，再到组织学生讨论加拿大山脉、城市等特点，最后让学生推荐加拿大旅游胜地并说出理由——从"学习理解"到"应用实践"，再到"迁移创新"，将评价贯穿整个学习过程，利用活动来评价学生的学习掌握情况，真正做到评价为了学生的学习。

二、预学活动设计

　　课题组将课外自主学习活动任务设置作为教学设计的重头戏。根据学情及学习主题内容，指导学生进行个体或小组合作并完成拓展等学习任务。一般的预学任务可分三步：第一，根据目标了解本单元的背景知识和学习主题；第二，课前自学词汇，查阅词典并做笔记；第三，预习新课，找出重点和疑点，做标（批）注（见图2-6-3）。复习也可分成三步：首先，让学生对照目标，反思自己的学习掌握情况；其次，针对重难点，设计问题评估学生的掌握情况；最后，设计活动或问题，让学生迁移和创新所学内容。值得注意的是，设计学习活动问题，一般不宜有固定答案，应为开放性问题，以引导学生将所学知识运用于新的语境。

图2-6-3 预习学习活动

我们以课前预学活动为例来阐述如何进行学习活动设计。

1. 自学单元背景知识

背景知识不仅能促进学生对文本的理解，还有利于培养和提高学生的阅读能力，扩大学生的知识面，提高学生的学习兴趣，更好地达到英语阅读目标的要求。背景知识的补充能够让学生在短时间内了解与话题相关的知识，为学生进入阅读状态做好铺垫。课题组对每一个单元话题进行了背景知识补充，以满足学生的实际需求。补充的课程资源既有视频、录音，也有图片和文本，这不仅能促进学生对文本的理解，而且能扩大学生的知识面，加大学生学习输入量。

例如，台州一中靳燕负责的课题组在进行人教版必修一Unit 5 "Nelson Mandela—A Modern Hero"教学时，是这样补充背景知识的：课前，课题组为学生提供电影剧场版预告片视频——"Mandela"。预告片语言地道，并配以中英文字幕，真实、直接地呈现了南非前总统曼德拉带领南非人民为反对种族隔离争取自由解放而进行的艰苦卓绝的斗争。通过自学，学生了解了课文以外的有关Mandela的故事，为课堂有效学习铺设了很好的路基。实践表明，学生借助视频等材料自学，可以在较短时间内捕捉到有关曼德拉先生的大量信息；教师也可以根据视频展现一些重点词汇和短语。视频呈现为学生顺利进入课文阅读提供了相关背景知识，激发了学生的阅读期待。

通过背景知识的补充，学生能够在学习课文的过程中丰富自己的思想，丰富文化知识，提升自主学习能力。

2. 自学单元新课

预习是自主学习的前提，是学生事先独立接触新知识、独立阅读和思考的学习环节，不同于上课。学生通过预习，能提前感知教材，初步处理加工，为课堂学习扫清障碍。长期坚持预习，能够促使学生有意识、有计划地使用适合自己的学习策略并根据学习任务的要求进行自我监控、自我判断。在这样的过程中，学生能有效地训练和掌握自主探究的学习方式，通过持之以恒的努力，培养语言学习能力，提升核心素养。

例如，在进行人教版必修二Unit 5 "Music Reading：the Band That Wasn't"教学时，回浦中学曹军喜老师设计了如下预习任务。

Book 2 Unit 5 "Music Reading : the Band That Wasn't"

Ⅰ. Theme (Culture) — Surf the internet to find any information about music or band or musicians, and get ready for the presentation.

_____

Ⅱ. Language — Vocabulary and Structure

1. Try to memorize the following new words and expressions. Pay attention to the pronunciation, spelling and meaning.

musician, karaoke, pretend, form, fame, passer-by, earn, extra, instrument, pub, studio, millionaire, actor, broadcast, humorous, reunite, attractive, dream of, in cash, play jokes on, or so, to be honest

2. Look up the new words and expressions in the dictionary and figure out their meanings as well as usages.

(1) attach _____

(2) perform _____

(3) rely on _____

(4) get familiar with _____

(5) break up _____

3. Read the text and underline the new words and the sentences containing prep+whom/which attributive clauses.

Ⅲ. Thinking — Reading Comprehension

1. Sum up the main idea of each paragraph and then discuss with your group members.

Para. 1: _____   Para. 2: _____

Para. 3: _____   Para. 4: _____

2. Read the passage and answer the following questions.

(1)What's the function of the questions in paragraph one?

_____

(2)How do people usually form a band?(Please draw an outline of the usual way of forming a band and hand in after discussing in groups.)

_____

(3)How was The Monkees formed? (Please draw an outline of their formation and hand in after discussing in groups.)

_____

3. What can we infer from the following sentences?

(1)However, after a year or so in which they became more serious about their work, The Monkees...like a real band.

_____

(2)In the USA, they became even more popular than the Beatles and sold even more records.

_____

(3)They produced a new record in 1996, with which they celebrated their former time as a real band.

_____

4. What makes a successful band?

_____

5. What do you think of the band for their success? Please use the supporting detail in the passage to support your view.

_____

由于学生的学习起点、个性特点及兴趣爱好等方面存在差异，班级学生的英语水平也参差不齐，这就要求教师在设计预学活动时力求形式多样，由浅入深，由易到难，兼顾学生个体情况，鼓励学生自由选择，量力而行。对各个层次的预习要有具体要求，如对词汇掌握的要求：根据预习目标卡，能拼读生词、用英语释义生词，会用动词进行动宾搭配。这就要求学生一开始就会查英语词典。鼓励学生用英英或英汉双解词典，并能用英语释义，能用短语造句。起始阶段，可让学生坚持抄词典英文定义、摘录例句、模仿词典句子进行造句；预习课文，找出结构优美的句型、含义深刻隽永的句子或段落，仿写这些优美的典范语句，并运用那些充满寓意的语言描述新的情景。自主理解文本，分略读和细读两个步骤。略读要求学生快速摄取信息，弄清大意，提高阅读速度。略读之后，要求学生细读，深入理解课文，如文章的主旨、文章段落的归纳等。要求学生标注自己不懂的词、句或内容，包括文化差异、语意理解等难点，将难点记录在预习本上。除此之外，教师将课堂讨论内容，如背景知识、小组讨论话题等事先布置，学生根据目标卡或教师布置的内容进行课外预习准备，这个预习作业往往层次较高、难度较大。当然，预习的内容除上文所述外，还包括对作者生平的了解等内容，我们不再一一展开。

课外自主学习的设计是课题研究的重要组成部分，除课前自学外，也包括课后复习巩固等任务，还包括作业、反思周记、小循环复习等形成性评价内容。学生通过这些学习方式，可总结自己学习所得，反思自己学习所短，不断提升学习能力，进而发展核心素养。

三、将评价融于教学过程

高中英语学习，不仅是学生学习英语知识、接触其他文化、形成跨文化意识与能力的过程，更是学生提升思维能力、用英语讲好中国故事、用英语解决实际问题的重要途径。核心素养的教学评价关注学生学习过程，将评价融入教学过程。

例如，在教学人教版高中英语教材必修九Unit 5 "How advertising works"时，教师与学生一起讨论梳理了阅读文本，学习制作广告篇章。完成与广告制作相关的词汇与知识学习后，要求学生完成项目任务：学生两人一组，讨论广告设计，以角色扮演（广告设计者、牛仔裤公司生产商）的形式完成牛仔裤的广告设计宣传，吸引并扩大顾客人群。这一项目任务不仅要求学生运用课文所学的词汇等语言知识编写广告策划对话，更要求学生运用课文广告制作的知识完成学习任务。为了更好地达成目标，课题组教师设计了以下问题评价学生学习掌握情况。

（1）What is an advertisement?

（2）Who does advertise?

（3）Why do they advertise?

（4）Where do they usually advertise?

（5）What will they take into consideration when they decide to advertise?

（6）How do advertisers make effective advertisements?

（7）Is your advertisement design interesting and attractive?

（8）What is your conversation like? Are there any mistakes?

这些问题涉及广告知识、广告目标对象、广告制作考虑因素、广告图案设计美观度等因素，还包含语言使用的准确性等内容。这些问题既是学生开展任务学习的导航灯，又是活动任务的评价标准。图2-6-4为一组学生完成的项目任务。

Daniel: Hi, Stephen. I am the boss of D&S, a famous jeans company. We're going to issue new jeans to college students. Thus I visit you to ask advertising ideas for my new product.

Stephen: I am very glad that you entrust me to make the new advertisement for your jeans. So please show me the jeans.

（Daniel shows the jeans.）

Daniel: By the way, the supply of our jeans is very limited so that you know the price will be a little high and I hope that the advertisement you make will be brief, but popular with the youth. Do you have any idea about media?

Stephen: According to your ideas and your product, I will make the advertisement like this. Firstly, I will put the jeans on the left side. The snake and the flower show the energy and beauty of the college students. On the right side, I will just put our company's slogan and brand mark to show our confidence that a fancy brand doesn't need many words to decorate.

Daniel: I am satisfied with your design. Let's discuss the fees of your advertisement.

Stephen: Since we are good friends, with our deep relationship, I will just charge you 2,000 yuan.

Daniel: Thank you very much.

Stephen: I believe you will have a good sale.

图2-6-4　学生项目任务作品

我们欣喜地看到这组学生根据所提供的评价问题，将所学的词汇和广告知识较好地运用于广告策划设计中。我们从学生的对话可以看出，两人讨论了广告设计内容、意图、目标对象、费用和布局创意等，更重要的是学生将输入阶段所学的语言和广告知识很好地运用于解决实际问题中，增强了思维运转和创新能力，提升了审美观，发展了核心素养。

评价是检测教学的手段，不是教学的目标。将评价融于教学之中，我们可以把握教学进展、及时诊断教学效果、调整教学节奏和方法。

参考文献

［1］唐冬梅.英语阅读教学中引入文化背景知识的策略思考［J］.读与写（教育教学刊），2010，7（02）：38-39+4.

［2］任美琴.指向核心素养的英语阅读教学——以"A trip on 'The True North'"的教学为例［J］.教学月刊·中学版（教学参考），2017（06）：10-14.

第三章

成效与反思

本课题已如期完成，并已取得小小的成果。三年的学习研究，过程艰辛，也有彷徨，但更多的是学习实践后的欣喜和收获。

第一节　成　效

　　《基于发展学生核心素养的高中英语教学设计》从准备到结题历时将近三年，受到了广大师生的普遍欢迎和学校领导与同事的大力支持。课题组根据听课、座谈、检测和问卷调查所获得的资料，加以分析、探讨，使课题研究取得了一定的成绩。依托名师工作室的子课题研究在台州市各级中学开展，从实践反馈来看，效果比较明显。

一、学生的学习和语言能力增强，学习成绩总体提高，学科核心素养普遍提升

1.学习能力提升

　　通过课题的实施开展，学生学习状况有了明显改善，学生逐渐形成了主动学习、自主学习、乐于探究的学习态度，学生综合素养得到较大提升。

　　通过实践，学校在课题实施前后对同一学生群体进行随机抽样调查，我们发现学生逐渐对学习产生了比较浓厚的兴趣，学习习惯有了好转，主动学习成为常态。我们在经过一年多的课前预学实践后，为了验证学生的预学效果，再次对台州某中学高二同一学生群体进行了问卷调查，并且与第一次调查数据进行了对照（见表3-1-1）。

表3-1-1　学生英语学习问卷调查前测和后测比较

项目	内容	前测 / %	后测 / %
自我规划	会用英语周记形式记录自己下阶段学习规划	9.91	68.3
	将早晚读老师布置的任务和自己的需求结合	48.1	90.6
预习习惯	拥有并能利用课外阅读书籍、报刊自学	3.8	87.9
	拥有并能查阅词典学习	30.2	71.8

续 表

项目	内容	前测 / %	后测 / %
参与课堂活动	会主动积极参与，并能向老师同学提出问题	11.6	57.2
教师授课方式	喜欢老师用汉语讲解英语	78.47	32.8
整理错题习惯	经常整理、归类	28.2	79.7

从表3-1-1可以明显看出，课题研究使学生的学习习惯和方式发生了积极的改变。

2. 语言能力增强，成绩总体上升

三年来，实验班学生参加各类考试、各级口语能力比赛和综合能力竞赛，成绩喜人（见图3-1-1、图3-1-2），语言能力普遍增强，成绩总体上升。

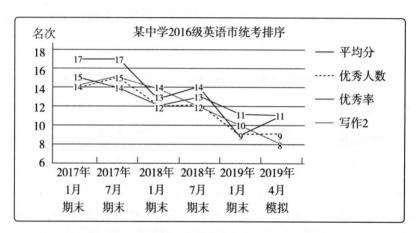

图3-1-1 子课题研究调查学校学生统考结果统计

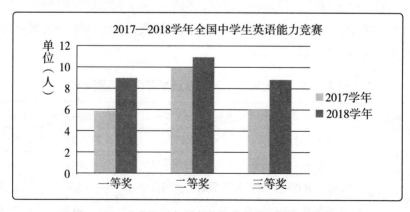

图3-1-2 子课题研究调查学校学生英语能力竞赛结果

3. 思维品质发展喜人

根据几次的市统考，课题组专门针对涉及思维的阅读理解题项和书面表达做了统计，我们惊喜地发现学生答题正确率明显提升，书面表达的逻辑性错误明显减少。子课题对某校学生实验前后就理解推断、评价概括等项目的阅读和书面表达做了统计（见图3-1-3、图3-1-4），学生思维品质发展呈正态上升趋势。

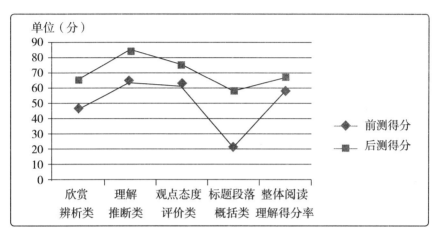

图3-1-3　学生阅读理解思维题项统计

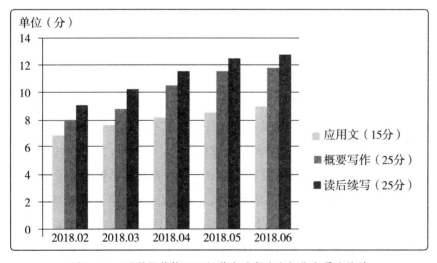

图3-1-4　子课题某校2017级学生（实验班）作文得分统计

4. 学生的国际视野和跨文化交际能力增强

课题组成员所在学校学生参加××市2018模拟联合国大会，参赛学生自行组织并筹备，分别代表不同国家，就中东安全问题、海洋过度捕捞问题、女性权利问题及媒体作用问题等议题，进行讨论和磋商。学生全程用英语交流并发表各自"代表国"的意见。当地电视台等媒体对此次活动进行了专题报道。此外，学生参加"2019 ASDAN Business Simulation模拟商业竞赛"喜获铜奖，并成功入围全国晋级赛。在这些活动中，学生表现出优秀的语言交际能力、实践创新能力，国际视野不断加强。

二、教师英语教学素养显著提高

1. 学科核心素养意识普遍增强

随着课题研究的深入，教师逐渐将视野从语言综合运用能力转向全人核心素养发展。无论是教学设计还是课堂师生交流抑或作业的设计，教师不再满堂灌，不再利用题海练习提高学生的英语能力，而是使用主题活动，设计、布置如预习、阅读、查询主题内容等开放性（open-ended）作业，培养学生学习能力与创新精神。教师通过核心素养层级分解确定教学目标，深刻体会到学习核心素养及目标对学习活动的导向与检测作用。三年的课题研究，课题组教师带动其区域教师共同关注、研究核心素养。

2. 教学设计能力提升

课题组把指导学生"学会学习"作为首要任务，突出学生在学习活动中的主体性，关注学生学习方式的转变，培养学生自主学习英语的能力，促进学生语言能力的可持续发展。不同于以往的教学，我们通过素养层级分解、主题学习资源整合、反馈矫正等环节，克服了教学"浅、碎、杂"问题，做到有的放矢。研究中，教师具有了更清醒的核心素养意识。这种意识不仅停留在英语知识教学中，也延伸到了英语教学的其他方面。

三年来，研究造就了一支教学出色、勤于教改的英语教师队伍。课题组成员的教学设计获全国一等奖和二等奖3次；应邀承担各级公开课、讲学50余次，开设省级以上讲座20余次；喜获浙江省高中英语优质课教学第一名；代表浙江省参加全国英语教学设计与展示，得到与会专家和现场观摩教师的高度评价。所有这些都是因为核心素养概念扎根于心，行动于课堂，教师的教学行为发生了巨大改变，教学设计能力提升。

3. 科研能力提升

课题组通过近三年的课题研究实践，以及读书沙龙、专题研讨、专家引领、联动课堂教学研讨验证研究等活动的带动，及时反思、及时总结，形成了良好的研究习惯。教学反思让教师从感性走向理性，从无序走向有序，从教书者走向教学者、研究者，使教师教研能力得到了普遍提升。近几年来，课题组总结的中期成果《新课标高中英语读后续写与概要写作指导》于2017年4月由浙江教育出版社出版发行。该书以核心素养为导向，指导教师与学生更好地学习和运用英语。课题组成员总结撰写的《开展项目研究，发展学生核心素养》等20余篇论文和教学设计在国家级刊物上发表，并有部分获奖。

第二节 反 思

收笔之际，回眸反思，《基于发展学生核心素养的高中英语教学设计》还有很多深度问题值得我们研究和思考。例如，基于学科核心素养，教师如何激发学生的学习动机？如何培养学生良好的学习习惯？如何更有效地设计学生学习任务？如何构建有利于学生自学的多模态主题学习资源？如何找到指向核心素养的学习指导最佳途径？我们在努力扩大目前研究成果的同时，将积极开展本课题的滚动研究，继续与学生们一起探索，在教学中勇于探索、敢于创新，以进一步实现学生的核心素养发展。

鸣谢：

本研究得到了多名专家的悉心指导和帮助，为课题的顺利进行提供了理论上的指导和实践操作过程中答疑解惑的帮助，在此表示感谢！我们不会忘记台州市教科所赵凌云所长亲临现场指导，不会忘记张国荣老师多次手把手地指点，不会忘记台州学院王少非教授、陈建吉教授、包育彬老师的指点，还有许多其他专家的指导和帮助。

另外，在课题研究的过程中，我们得到了课题基地学校领导、同事，以及实验班学生的大力支持，得到子课题学校领导和教师们的鼎力支持。我们在研究活动中还受到了上海青浦教研基地的热情接待，得到了其对联合教研活动的大力支持，在此一并表示感谢！

第四章

指向核心素养的高中英语
教学设计专题研究

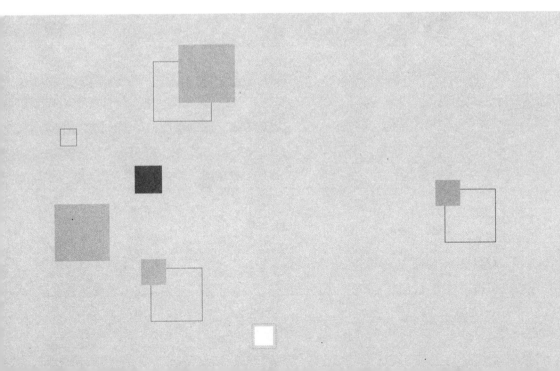

为了提升课题研究质量，我们以工作室为平台，以回浦中学为基地，开展教学研究活动。《指向核心素养的高中英语教学设计》课题在台州市科教所的指导和支持下，由工作室成员和工作室基地的老师共同组建课题组，围绕教材的主题语境，共开展了14项专题研究实践。

第一节　发展学生核心素养的
School Life主题教学设计①

浙江省仙居中学课题组

一、课题的提出

1. 现状分析

2014年3月，教育部在印发的《关于全面深化课程改革落实立德树人根本任务的意见》中提出：研究提出各学段学生发展核心素养体系，明确学生应具备的适应终身发展和社会发展需要的必备品格与关键能力，突出强调个人修养、社会关爱、家国情怀，更加注重自主发展、合作参与、创新实践。由此可见，核心素养体系被置于深化课程改革、落实立德树人目标的基础地位上。

许多英语教师的教学观念有了明显的转变，但是教师的教学意识与教学行为仍存在一定的偏差。许多教师花大量的时间向学生传授语言知识，学生不是积极的语言学习者，而是知识灌输的对象。他们被动地进行听、记、背、练，虽然学习英语多年，但是却不会用英语交流。面临高考的压力，社会、家长、师生关注的只是高考分数的高低。因此，学生的整体发展水平不高、可持续发展能力不强，学生核心素养的发展没有得到应有的重视和提升。

英语作为一门交际性很强的学科，教学中首先要突出其工具性，然后才是

---

① 本文系浙江省教育科学规划课题"发展学生核心素养的高中英语教学设计"的子课题研究报告（课题编号：2016SC27911）。

课题负责人：张仙女；课题组成员：赵素梅、潘优燕、张伊娜、张永良；执笔人：张仙女。

工具性和人文性的统一。缺失了工具性，人文性就无从谈起。既然是工具，就要了解和认识工具，学习和掌握使用工具的方法与技巧。要实现这个目标，只能通过语言实践，即言语活动，并遵循"实践，认识，再实践，再认识""循环往复，螺旋上升"的规律展开活动。因此，如何使用最佳的策略发展学生的核心素养，促使学生在语言能力、文化意识、思维品质和学习能力等英语学科素养方面得到有效提升，是值得我们探讨的一个重要课题。

2. 理论背景

教育部《关于全面深化课程改革落实立德树人根本任务的意见》（以下简称《意见》）提出了"核心素养"这一重要概念，要求将研究与构建学生核心素养体系作为推进课程改革、深化发展的关键环节。《意见》发布后，如何进行学生核心素养的培养成为当前教育界的一个热点话题。

课题组通过中国知网数据库搜索"核心素养"，发现国内学者对核心素养的研究主要从2013年开始，这说明目前学术界对"核心素养"的研究还处于起步阶段（见表4-1-1）。

表4-1-1　国内学者对核心素养的研究

时间	作者	题目	内容
2013年7月	夏雪梅	基于学生核心素养的课程建设：水平划分与干预实例	将当前的学校课程分成六种水平素养
2014年1月	辛涛	基于学生核心素养的课程体系建构	发展学生综合能力，以学生核心素养模型来推断和促进课程改革的发展
2015年1月	窦桂梅	基于学生核心素养发展的"1+X课程"建构与实施	小学生核心素养为：家国情怀、公共道德、身心健康、社会参与、学会学习、国际视野……构建了基于学生核心素养发展的"1+X"课程

综上所述，学者们对于核心素养的研究，主要关注的是核心素养的概念与内涵，研究的是核心素养体系与课程的关系。

课题组于2016年6月，以"英语核心素养"为主题在中国知网上进行检索，共搜到8篇与英语核心素养相关的期刊、论文，如赵昱、郝培利、解冰的《基于核心素养四维目标的初中英语课堂教学设计——以全国外国语学校系列教材七年级第二册Unit 4　*Clothing*为例》，程晓堂、赵思奇的《英语学科核心素养的实质内涵》，许静美的《厦门市高中英语学科核心素养培养现状调研及改进建议》，李杰的《基于核心素养的英语作业优化设计》，陈艳君、刘德军的《基于英语学科核心素养的本土英语教学理论建构研究》，等等。但对于发展学生核心素养具体到英语学科单元教学设计的研究，课题组在检索时没有查到相关的研究信息。针对目前发展学生核心素养方面的实际问题和需求，课题组认为进行发展学生核心素养的学校生活主题板块教学设计的探索是非常有价值的。

3. 意 义

本课题具有较高的理论意义。本课题是在明确学生发展核心素养的内容与结构的基础上，以《牛津高中英语》必修一Unit 1 "School Life" 的教学内容为载体，探索基于发展学生核心素养的高中英语学科教学设计的一般教学框架，使之成为在教学中可教、可学、可测评的内容。

本课题具有较高的实践意义。本课题的研究既重视教师教学方式的转变，又关注学生学习方式的转变；既注重学生学习的主体性，又注重在高中英语教学的过程中提升学生的核心素养，提高课题组教师的自身素养。

二、研究目标

课题组以《牛津高中英语》必修一Unit 1 "School Life" 的教学内容为载体，通过一年的研究，厘清生活主题板块所涉及的核心素养，然后对核心素养进行分级分层，根据分解的核心素养选择学习资源，确定单元教学目标，探索指向发展学生核心素养的学校生活主题板块教学设计，布置可观察、可量化、可评价的任务。

三、研究的思路与框架

本课题研究的基本思路是：准确理解当前高中英语课程改革关于课程的育人价值和英语学科核心素养的培养，以《牛津高中英语》必修一单元内容话题为载体，分析文本与本单元其他素材之间的关系，确定学校生活主题板块下核心素养的整体培养目标，厘清文本结构和各个部分内容之间的内在逻辑关系，确定相应的教学活动、学习活动、评价活动和核心素养的落脚点（见图4-1-1）。

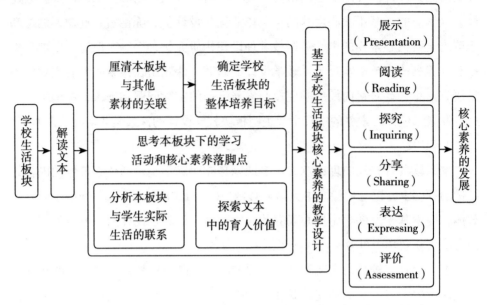

图4-1-1　基于发展学生核心素养的学校生活板块的教学设计的研究框架

四、研究内容

（一）基于发展学生核心素养的高中英语课堂教学特征

我们认为基于发展学生核心素养的英语课堂教学特征有以下三点。

1. 以教师为主导，促进学生语言发展能力的提高

教师要注重创设英语教学语境，让学生在语境中进行语言体验、探索、建构，逐渐发展语言意识和英语语感，促进英语思维能力的发展；要通过适时、适度、适切的话题拓展，有意识地选择那些既适合学生学习，又有利于提升学生核心素养的内容；要基于学生，培养学生的英语学习策略，为他们的终身可持续性学习奠定基础；要充分利用教材、开展各种课堂教学活动，提供一些原汁原味的素材，使学生掌握语言在具体语境中的正确使用方法；要培养学生的国际视野和爱国意识等，使他们形成正确的价值观。

2. 以语篇为载体，科学合理地使用教材

语言学家马利（Marley）认为："合理使用教材资源意味着要协调好三个要素之间的复杂关系：教材、教师、学生。"教师是教科书使用过程的决策者，在备课、课堂教学和课后反思中对教材内容的选择、解读、分析、整合实施起至关重要的作用。可见，教材分析是教师制定教学目标的一个重要依据。教师要在解读教材的基础上，分析、理解教材，根据学生的实际水平确定教学目标，挖掘该语篇隐含的可用于培养学生核心素养的内容，然后思考设计相应的课堂活动和任务，努力将语言能力、文化品格、思维品质和学习能力的培养融合在一起，以促进学生英语学科核心素养的发展。同时，教师在研究、利用教材的过程中也能促进自身专业能力的提升。

3. 以学生为主体，尊重学生的学习需求

英语核心素养是一个循序渐进、不断深化的过程，需要根据学生已具备的素养去设计有层次的教学目标。从学生的角度来说，每个班都有程度不等的学生，在设置教学目标时，如果没有对学习内容、学生程度和学习要达到的水平做出分层要求，必定会造成教无所依、学无所从、学后无所获的混乱局面。因此，教师在设置教学目标时，必须从学生学习需求出发，关注并了解学生的学习起点，准确定位学生的需求并努力去满足他们，帮助学生成为主动学习者，引领学生学习所需要的知识和实践策略，提升学生的英语学习能力，提高教与学的实效。

（二）基于发展高中学生英语学科核心素养的板块教学设计

1. 建立发展学生核心素养的PRISE教学模式

PRISE教学模式（见图4-1-2）以"学习目标"为核心，通过"展示—阅读—探究—分享—表达—评价"各环节之间环环相扣，达到让学生通过预学提升课堂参与、教师通过教学关注学生学习真实状态的目的。本课题研究构建发展学生核心素养的板块教学模式——PRISE教学模式。5个字母中P指Presentation（展示），R指Reading（阅读），I指Inquiring（探究），S指Sharing（分享），E指Expressing（表达）。该教学模式以语篇为载体，以教师为主导，以学生为主体，旨在发展学生的语言能力、思维品质、文化品格和学习能力。

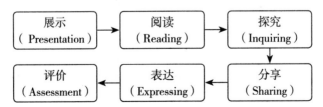

图4-1-2　基于发展学生核心素养的高中英语板块的教学设计框架

第一步是展示（Presentation）。学生课前完成教师下发的预学案进行自学，课堂开始时在小组内或选派代表展示自学成果，同时提出学习过程中的难点与疑点。

第二步是阅读（Reading）。阅读是语言输入的重要途径，包括持续默读、跟读、朗读等形式。精读课需要进行深层阅读，使学生在阅读中感知和领悟文本的语言美、结构美、意境美等，在阅读中不断积累文化知识、丰富文化底蕴、了解异国文化。

第三步是探究（Inquiring）。探究是语言内化的重要形式。探究可以发生在课堂教学前，也可以发生在课堂教学中。学生可以通过使用工具书和网络资源进行词义查询、长难句分析，了解异国文化，学习俚语与文化背景知识，等等。通过探究学习发现问题、分析问题和解决问题，可培养学生的学习能力和思维能力。

第四步是分享（Sharing）。分享是语言内化和强化的形式。不同的学生由于认知水平的差异\文化背景、知识储备的不同，对于文本的理解和领悟也是不同的。在这一环节，通过两人活动或小组活动，学生分享个人对文本的理解、对不同观点的判断，在分享中学会倾听和表达，提高学习能力，培养交际策略。

第五步是表达（Expressing）。表达是语言学习的输出环节，是评价语言积累是否有效地促进了语言输出的标准。表达活动包括分析文章结构框架、梳理故事情节、角色配音、角色表演、读后续写、改写、仿写、概要写作等，在活动中提出观点，旨在培养学生对活动成果表达的能力和解释的能力。

2. 基于发展学生核心素养的学校生活主题板块核心素养层级分解（见表4-1-2）

表4-1-2 学校生活主题板块核心素养层级分解

一级	二级	三级	四级
语言能力	认知并掌握单元话题（学校生活）知识（输入）	认知掌握与校园生活有关的常用单词、词组与句型	access, achieve, attend, assembly, article, available average, canteen, club, challenge, context, donate, display, experience, extra, graduate, class teacher, at ease with, school hours, earn respect from, sound like, for free, get a general idea, as well as, key words, word by word, find one's way around, develop an interest in, surf the Internet

续 表

一级	二级	三级	四级
语言能力	认知并掌握单元话题（学校生活）知识（输入）	学会描述校园生活和学校设施	High school is a time of discovery, learning and hard working. Huge campus and low-rise building. Twelve laboratories are available for different experiments. Each room comes with its own bathroom and Internet access
	理解文本具体信息（内化）	获取文本中与学校生活相关的具体信息	了解文本涉及英国学校的作息时间、学习的课程、课外活动的安排、饮食等
	解释并重组文本信息（内化）	概括、解释、归纳、比较文本信息及文化现象	借助段落和文章大意，比较、归纳中英两国中学生学校生活的异同；把握文脉，厘清上下文逻辑关系
	内化文本语言	积累并模仿文本语言	欣赏文本中与学校生活相关的佳句，如"Going to a British high school for one year was a very enjoyable and exciting experience for me."。解释分析语篇中的复杂句：He also told us that the best way to earn respect was to devote ourselves to study and achieve high grades
	交流并迁移（输出）	口头、笔头表达相关话题（文化）知识	用恰当的语言描述并介绍自己的学校，汇报学校的各项活动，用英文撰写通知；为创办的俱乐部设计海报招聘成员；等等
文化品格	认知理解和尊重文化的多样性和差异性		了解不同国家中学生的学校生活，以及其与中国中学生学校生活存在的差异；尊重学校生活的多样性和差异性，具有面向世界的开放心态和文化自信
	比较其他国家与中国文化异同		比较中英两国学校生活的异同，借助文本学习，理解、包容和借鉴英国的多元文化，吸收人类文化精华
	领悟优秀文化的精神内涵		对英国学校生活有比较全面而深入的了解，体会中英两国之间由于国情、历史的不同所产生的文化教育的差异
思维品质	多元思维能力	逻辑性思维	在感性认识的基础上，运用概念、判断、推理等形式对文本信息进行解读，归纳总结语篇观点
		创新性思维	通过对英国中学的作息时间、班级规模、所学科目、课程内容、学习负担等学校生活的了解，结合本校实际，创新设计学校相关项目

续 表

一级	二级	三级	四级
思维品质	多元思维能力	批判性思维	理性看待中英两国学校生活的异同
	分析、推断、概括信息	分类、概括信息；分析、推断信息的逻辑关系；正确评判各种思想观点，理性表达自己的观点，具备用英语初步进行多元思维思考的能力	
学习能力	自主学习能力	主动完成预习任务，积极参与课堂学习，高质量完成课后作业与复习任务	
	调控能力	积极调适自己的不良情绪，保持持久的学习兴趣和热情，有效监控和管理学习过程	
	合作能力	积极参与小组合作活动，乐于分享自己的学习成果，认真倾听同伴的观点和看法，培养良好的沟通能力	
	探究能力	积极探索，大胆猜想、质疑	
	资源整合能力	借助现代信息技术，迅速筛选和获取有关国内、外高中生学校生活的信息，准确地鉴别、提取信息，创造性地加工和处理这些信息	

（三）基于发展学生核心素养的学校生活主题板块教学设计

1. 资源整合

人与自我、人与社会和人与自然是英语课程内容的三大主题语境，是培育和发展学生英语学科核心素养的主要依托，是引领教学目标制定与学习活动开展的关键。学校生活这一话题是人与自我主题语境下重要的一部分，也是学生人生经历中不可缺少的一部分。当今社会，许多学生都有出国学习的机会，中外学校生活、教育方式等都是大家非常关注的内容。现代信息技术的发展为英语课堂教学带来了空前的挑战，也为学生提供了广阔的学习空间。因此，教师不但要广泛利用各种信息渠道获取学习资源，根据实际选择贴近学生生活、符合学生心理特点的材料，从不同的角度为学生提供丰富的视频、图片或阅读材料，还要鼓励、指导和帮助学生获取与主题相关的信息，多渠道、多方式地完成语言实践活动，吸收语言材料，提升学习能力。

2. 教材分析

课题组以《牛津高中英语》必修一Unit 1 "School Life Reading: School Life in the UK" 为例，具体阐述在学校生活话题下，在解读文本的基础上，如何落实核心素养的培养目标。此单元学校生活的主题语境是人与自我，涉及的话题是学校生活，教材围绕这一话题提供了许多素材。阅读文本Reading部分为"School Life in the UK"，主要介绍中国学生Wei Hua在英国为期一年的留学经历。

3. 学生分析

学生刚进入高中学习，英语水平大多属于良好或者一般水平，少数学生英语水平相对较差。他们对学习英语有较浓厚的兴趣，希望通过学习英语了解异国文化，但学习习惯方面存在一定的问题，如不会自觉进行课前预习、课后复习巩固，缺乏与教师的交流、互动。在阅读文本时，学生对于文章中出现的生词、复杂句子等很难理解。

4. 教学设计（见表4-1-3）

表4-1-3　教学设计概览

教学内容：牛津高中英语	Book 1 Unit 1
学校生活板块	阅读部分 "Reading：School Life in the UK"
学习目标（learning objectives）	After learning this period, students can: (1) Describe the Wei Hua's school life in the UK fluently with the information learnt and compare the differences of school life in Britain and in China; (2) Use the two basic readings skills—skimming and scanning to get the main idea and details of the text; (3) Summarize the main idea of each paragraph and the text using their own language.
教学媒体	多媒体课件制作；短视频*Are Our Kids Tough Enough?*

学习活动设计	设计说明
导入： 活动一：展示（Presentation） 展示自我，激活已知。学生展示课前作业"My School life" 活动二：观看视频，激活已知 观看短视频*Are Our Kids Tough Enough?*	学生基于自身的体验进行分享，教师提供一个展示、交流的平台。让学生观看视频，感知中英学校生活的异同，为阅读做好铺垫
文本解读： 活动三：学生阅读课文（Reading） 1. 标题预测What might the text be about（who, where, what...）？ 2. 梳理文本，概括主旨 （1）梳理文本信息 T: What did Wei Hua think of her life in the UK? What subjects did Wei Hua study in the past year? What aspects of school life are mentioned?	让学生根据标题预测内容，了解文章大意，为进一步阅读做好准备。运用scanning、detailed reading等阅读技巧，通过提问，让学生概括主旨并梳理主要事实性信息

学习活动设计	设计说明
（2）概括段落大意 T: Read and find the differences and similarities of the aspects of school life. Para.1： school hours Para.2： school assembly Para.3： teachers, class size, classmates Para.4 ~ 5： homework, subject Para.6： food	学生主动思考，概括段落大意，明确文本结构，形成概念图，获得结构化知识，学会学习
分析、概括和评论： 活动四：学生讨论 1. 探究（Inquiring）：Figure out words that can be used to describe Wei Hua's feelings. 2. 分享（Sharing）：From the differences (similarities) of school hours (aspect), we can conclude that the education in the UK is _____while in China _____, because_____. 活动五：请学生讨论：What do you think of the school life in the UK? Why?	学生讨论探究主人公对学校生活感受的变化。表达感受，交流异同。学生分组活动，找出中英教育的异同。学生通过小组合作、同伴讨论、个人思考，分享对英国学校生活的认知和感受，举例说明
评价、创新： 活动六：输出运用（Expressing） Suppose you were a reporter, write a report to summarize Wei Hua's experience	运用课文中的语言和信息进行思考和表达，报道主人公在英国学校生活的经历

（四）基于发展学生核心素养的学校生活主题板块教学评价

基于英语学科核心素养的教学评价应以形成性评价为主，辅以终结性评价，将定量评价与定性评价相结合，注重评价主体的多元化、评价形式的多元化、评价内容的全面性和评价目标的多维化。没有良好的课堂层面的评价，就没有良好的教学实践；课堂层面良好的教学实践在很大程度上取决于课堂层面的评价实践。课题组认为，培养学生的英语核心素养，其有效途径之一就是通过评价来张扬学生的个性，彰显并强化他们的学习特质，并给予个性化的指导。为此，课题组尝试采用如下评价方式（见图4-1-3）。

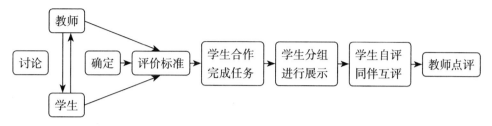

图4-1-3　基于发展学生核心素养的学校生活板块的教学评价

整个教学过程中，学生在阅读中思考，在思考中探究，在探究中合作，在合作中分享，在分享中表达，在表达中评价。教师及时反馈和学生自我评价、同伴互评是学习效果评价的主要方式。学生个体在每次回答问题及小组讨论发言后，教师都会及时给予口头反馈或总结。

五、研究的成效

本课题分别在我县重点中学、农村中学开展，从实践反馈来看，效果十分显著。

（一）学生层面——学生的英语综合运用能力提高

通过课题的实施，学生的学习状况有了明显的改善，学生逐渐形成了主动学习、自主学习、乐于探究的学习态度。

1. 学生学习状况

通过对实践学校在课题实施前后同一学生群体进行随机抽样调查（按照四级评分法进行满意度评价），我们发现：学生逐渐对学习产生了兴趣；学生的目标意识不断增强，学习习惯有了显著的改进；学生自主学习的能力明显增强，学习成绩总体上升。

2. 学生整体成绩

除了学生的学习状况得到改善，学生的学习成绩也逐渐提高。2015—2016学年中5次大型考试书面表达平均成绩的变化（总分均为25分，试卷难易度不同）如图4-1-4所示。

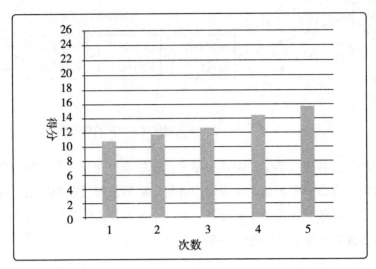

图4-1-4　2015—2016学年大型考试书面表达成绩的变化

此外，学生的英语综合运用能力提高了。在2016年全国中学生英语能力竞赛（National English Proficiency Competition for Middle School Students, NEPCS）高二年级组比赛中，实验班学生获奖层次和获奖人数居年级第一（见图4-1-5）。

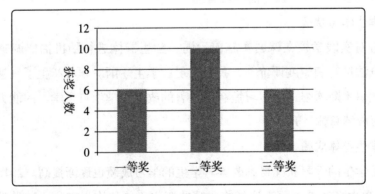

图4-1-5　2016年全国中学生英语能力竞赛高二年级组比赛（名）

（二）教师层面——教师的综合素养不断提升

通过课题研究，参与教师提高了自身的理论水平，拓宽了教学视野，进一步明确了提升学生核心素养的意义与作用，提高了教研能力，促进了教师自身专业能力的成长，提升了教师的综合素养。课题组中，四位教师被评为"全国优秀指导教师"；两位教师的教学课例被推荐参加台州市"一师一优课"评比；一位教师的论文在国家级核心刊物上发表，两位教师的论文在市级论文评比中分别获得一、二等奖。

六、结论及后续研究思考

经过一年的研究，课题组已基本完成了预定的研究任务，取得了一定的研究成果。但由于课题实践的时间较短，本课题的研究还存在以下问题。

第一，在英语教学中，如何从不同角度和层面合理地分析和解读文本，以丰富课堂教学，发展学生的核心素养？

第二，如何制定清晰易懂的评价标准，给予教师一些可参考、操作性强的教学过程的建议？

第三，如何根据不同阶段的核心素养要求，设计适合学生的教学活动，创设适合本校实际的课内外教学？

这些问题都需要课题组不断地思考与研究，以完善发展学生核心素养的学校生活主题板块教学设计。

参考文献

[1] 孙大伟.对高中阶段英语学科核心素养的自我认识[J].英语学习，2015（04）：4-5.

[2] 中华人民共和国教育部.普通高中英语课程标准（实验版）[M].北京：人民教育出版社，2018.

[3] 徐浩.教学视角下的英语教材与教材使用研究[J].山东师范大学外国语学院学报（基础英语教育），2010，12（02）：3-6.

[4] 葛春生.再谈怎样设置英语课堂教学目标[J].江苏教育研究，2010（19）：34-36.

第二节　发展学生核心素养的
Language主题教学设计①

台州中学课题组

一、课题的提出

（一）研究背景

1. 英语学科核心素养的要素与内涵

语言能力是指学生能在听、说、读、看、写多模态语言输入和输出活动中培养语言的感知与领悟能力，形成正确的音感和语感，在词汇拼读中做到见词能读、听音能写，在文本朗读中做到意群、节奏到位，语音、语调正确。文化意识是指对英语的文化现象、社会现象、情感态度与价值观的接纳和认知。思维品质是指人的思维个性特征，反映其在思维的逻辑性、批判性、创造性等方面所表现出来的水平和特点。学习能力即要求学生掌握学习方法、学习技巧，积极拓宽学习渠道，不断获取知识，运用知识，努力提升英语学习效率。

2. 语言主题板块是发展学生英语学科核心素养的重要载体

课堂教学是发展学生学科核心素养的主阵地，本课题组拟以人教版高中英语教材为蓝本，融合其他教材，并吸收网络等优秀资源，探究以发展学生核

---

① 本文系浙江省教育科学规划课题"发展学生核心素养的高中英语教学设计研究"的子课题研究报告（课题编号：2016SC27902）。

子课题负责人：杨柳红；课题组成员：颜丹红、金再卫、许周旺、卢青；执笔人：杨柳红。

心素养为导向的语言主题板块单元教、学、评设计的一般框架。在人教版高中英语教材中，语言主题板块涉及的单元有：必修一Unit 2 "English around the world" 和必修四Unit 4 "Body language" 等。

（二）理论背景

本课题是省规划重点课题《发展学生核心素养的高中英语教学设计研究》的子课题的重要组成部分，是通过学科教学发展学生核心素养的具体实践。语言主题板块是发展学生英语学科核心素养的重要载体。

课题组通过检索关键词"核心素养""阅读教学""教学设计"收集资料（见表4-2-1）。

表4-2-1 文献综述

作者	标题	主要观点
孙晓慧、王蔷、钱小芳	《基于英语学科核心素养的中学英语阅读教学设计理念初探》	英语学科核心素养强调语言能力、文化意识、思维品质和学习能力相融合的英语学习活动观。在中学英语阅读教学中，教师应基于英语学科核心素养设计教学，体现核心素养中的英语学习活动观，在深挖文本的基础上抓住主线，将碎片化知识结构化；充分利用学生知识水平，创设迁移情境，帮助学生内化所学，实现课堂有效生成
吕秋萍	《核心素养培养视域下的文本解读和阅读活动设计——以一节一课三构课为例》	核心素养培养视域下的阅读教学活动应融合语言能力、思维品质、文化意识和学习能力等素的培养于一体
陈小萍	《基于核心素养的高中英语深层阅读教学实践》	以核心素养为导向，设计了导读、细读、探究、表达四个教学环节，探讨了深层理解文本、挖掘文本内涵的教学路径，在培养学生语言能力和思维能力的同时，引导学生理解、尊重和包容异国文化，提高跨文化交际能力
阮佳慧、叶建中	《核心素养视角下的高中英语阅读教学探究》	核心素养视角下的高中英语阅读教学要关注文本主题探究和语篇建构两个方面。基于此，提出了缩改文本、整合教学资源，巧拆文眼，关注衔接手段和提炼主线等教学设计策略，以探究阅读教学中培养学生英语学科核心素养的有效途径，引导学生关注文本观点与思想，把握文本信息点间的相互联系

综上所述，国内学者们对于"核心素养"及"阅读教学"课题的研究，主要通过具体的课例，通过有效的文本解读和阅读教学设计落实核心素养的具体策略。但将主题语境（人与自我、人与社会和人与自然）进行板块划分，把发展学生核心素养具体到英语学科单元教学设计中进行研究，尤其是对语言主题板块的研究，课题组在文献检索时几乎没有查到相关的研究成果。

据此，针对目前发展学生核心素养的实际问题和需求，课题组认为进行发展学生核心素养的语言主题板块教学设计的研究是非常有理论价值和现实意义的。

二、研究的目标

本课题试图以发展学生核心素养为导向，从语言主题板块教学设计这一方向展开研究，力图建构该板块核心素养层级结构，形成相应的教、学、评活动的技术路线图和一般框架，为发展学生英语学科核心素养提供经验和方法。具体包括以下四点。

（1）明确语言主题板块涉及的核心素养。

（2）将涉及的核心素养进行层级细分。

（3）根据核心素养层级目标整合教学资源并进行单元教、学、评活动设计。

（4）建构基于核心素养语言主题板块的单元教、学、评活动设计的一般框架。

三、研究的思路与框架

本课题的基本研究思路：以发展学生核心素养为导向，按语言主题板块进行单元整合，将英语学科核心素养进行层级细分，使核心素养可观察、可量化、可评价，进而整合教学资源，开展单元教、学、评等活动设计，并据此开展课堂教学，而后反思改进，最终建构基于核心素养的语言主题板块的单元教学设计一般框架（见图4-2-1）。

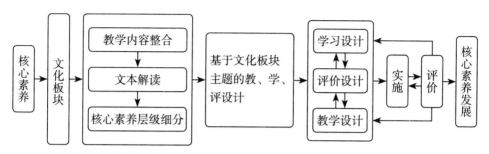

图4-2-1 发展学生核心素养的语言（Language）主题板块教学设计技术框架

四、研究的内容

（一）语言主题板块的资源整合

根据核心素养层级目标，整合语言主题板块教学资源，以人教版高中英语教材必修一Unit 2 "English around the World" 和必修四Unit 4 "Body Language" 为蓝本，以其他教材为融合体，吸收网络等优秀资源（见表4-2-2）。

表4-2-2 语言主题板块学习资源群

主题板块	主题群	单元主题语境	拓展学习资源推荐
人与社会	语言	1. 英语语言的发展史（人教版Book 1 Unit 2 "Reading: The Road to Modern English"） 2. 肢体语言（人教版Book 4 Unit 4 "Communication: No Problem?"）	1. 外研社必修四Module 3 "Body Language and Nonverbal Communication" 2. 外研社必修五Module 1 "British and American English" 3. 牛津上海版Module 1 Unit 1 "Body Language" 4. "The Global Language — English" (https://www.shangxueba.com/ask/7635124.html) ……

（二）语言主题板块的目标分解

课堂教学是发展学生核心素养的主阵地，我们倡导在充分分析教学内容、学生情况的前提下，将核心素养进行层级细分，分解为一个个具体的教学目标。只有这样，发展核心素养才可观察、可量化、可评价。

以人教版高中英语教材必修一Unit 2 "English around the World"为例，将本单元涉及的核心素养进行层级细分（见表4-2-3）。

表4-2-3　人教版高中英语教材必修一Unit 2 目标层级分解

一级	二级	三级	四级		
语言能力	语言技能	说	能按时间顺序有条理地叙述英语发展简史		
		读	（1）能掌握运用细节信息寻找、概括、预测等阅读技能 （2）能区分事实与观点 （3）能通过表层信息推断隐含信息		
		写	能按时间顺序有条理地描述英语发展简史		
	语言知识	掌握"世界英语"相关语块	subway, elevator, petrol, gas, official, native English speakers, Danish, fluent English speakers...		
		掌握"时间表达"相关语块	at the end of the 16th century, later in the next century, between about 450 and 1150, by the 1600s...		
		掌握文本中其他语块	make voyages to, than ever before, such as...		
		理解重点句型	So why has English changed over time? Actually all languages change and develop when cultures meet and communicate with each other		
文化意识	全球视野	国际意识	了解"世界英语"的主要分支——American English, British English, Australian English, Canadian English, Indian English, etc		
		国际交往	理解语言变化发展的主要原因是文化碰撞，并能举一反三，加深对文本内容的理解		
		国际竞争	认识到语言作为文化的载体，语言的变化发展因文化碰撞而产生。同时，语言也是一种文化输出的重要方式，因此应提高国际竞争意识		
	尊重差异	了解美国英语和英国英语的主要差别	Type	British English	American English
			vocabulary	autumn	fall
			spelling	colour	color
学习能力	学习策略	资源策略	认识到除教科书、教师外，网络、书籍、专业人士都是十分丰富的学习资源		

续 表

一级	二级	三级	四级
学习能力	学习策略	交际策略	在遇到困难时会通过小组合作、同伴互助等分析问题、解决问题
思维品质	逻辑思维	预测	能根据标题关键词——"road"预测文本主要内容
		概括	能在通读全文后根据段落主题句概括出段落大意
		分析	（1）能对文本进行分段，明晰文本结构 （2）能通过逻辑分析，找到第一段暗含的三条逻辑线并据此得出：第一段为主题段落
		区分事实与观点	能找到第三段的主题句和支撑句
	批判性思维	推断	能举一反三，列举出其他文化碰撞形式
		评判	能根据课堂所学评判未来是否会产生"Chinese English"，并自圆其说

（三）语言主题板块的教学设计

课题组以教材为载体设计单元教、学、评活动，并在这一过程中反复思考和检查教、学、评三者之间的一致性问题和核心素养层级目标的达成问题。在此基础上，采取同课异构等形式进行课堂实施，在课堂生成中观察思考核心素养层级目标的达成问题，并进行评价、反馈、总结、提升，以此改进教、学、评设计，并再次进行课堂实施。整个过程可概括为：设计—实施—评价—再实施。

下面，以人教版高中英语教材必修一Unit 2"English around the World"为例，进行单元教、学、评活动设计。

1. 语言主题板块的预学设计

以核心素养为导向，对人教版高中英语教材必修一Unit 2"English around the World"所涉及的核心素养进行层级细分，并以此为目标导向，进行相应的预学设计，以激活学生的背景知识运用，并初步发展学生的核心素养（见表4-2-4）。

表4-2-4　必修一Unit 2 "English around the World

Reading: A Road to Modern English" 预学案

人与社会 语言主题板块	教学内容：必修一Unit 2 "English around the World Reading：A Road to Modern English"
	预学案

1. Surf the Internet to get some information about "world English". Try to list at least three kinds of "world English".

2. Find examples of the differences between American English and British English. The more, the better.

3. Does language change? If so, what do you think may be the reasons?

4. Try to give some examples to show the language's change. English, Chinese and dialects are all welcomed

	设计说明
问题1和问题2	要求学生课前在网络上搜索话题的相关背景知识
	设计意图
	了解"世界英语"的主要分支——American English, British English, Australian English, Canadian English, Indian English, etc. 使学生认识到除教科书、教师外，网络、书籍、专业人士都是十分丰富的学习资源
问题3和问题4	设计说明
	要求学生思考语言是否是一成不变的，佐证，并铺垫文本话题
	设计意图
	文化意识：认识到语言不是一成不变的 思维品质：打破学生固有思维，使他们辩证发展地看待事物

2. 语言主题板块的教学活动设计

以核心素养为导向，对人教版高中英语教材必修一Unit 2 "English around the World"所涉及的核心素养进行层级细分，并以此为目标导向，进行相应的教学设计。

在对教学内容及学情进行深入分析后，课题组依据阅读任务的侧重点，由浅入深设计了五个教学步骤：读前导入、标题阅读、结构阅读、细节阅读、读后活动。每个步骤中，学生在完成相应阅读任务的同时，其语言能力、学习能力、思维品质、文化意识、国际视野和国家认同等核心素养都会得到不同程度的发展（见表4-2-5）。

表4-2-5　必修一 Unit 2 "English around the World

Reading: A Road to Modern English" 教学活动设计

人与社会 语言主题板块	教学内容：必修一 Unit 2 "English around the World Reading: A Road to Modern English"
教学内容分析、整体设计思路说明	

本单元的中心话题是"世界英语"，通过对这一话题的探讨，学生将增强对英语语言的了解，拓展国际视野。文章以时间为序，简要地说明了英语语言的起源、发展变化、形成原因及发展趋势。

常规的阅读教学设计会把这篇文章处理成简单的信息查询和接收，但以发展学生核心素养为导向的教学设计则侧重语篇的多角度解读，如文本结构的分析，作者写作手法、写作意图的探讨，并在此过程中提升学生的思维能力、语言能力、国际视野等核心素养

学情分析

（1）教学对象是省一级重点中学高一平行班学生。他们有较好的英语学习基础，具备一定的英语阅读能力。但是对鉴赏和模仿文中细腻生动的描写语言存在一定困难。

（2）他们思维活跃，求知欲旺盛。"英语语言"是他们熟悉的话题，但他们不太了解英语语言的发展史。"世界英语"是一个新话题，对他们有很大吸引力

教学过程		
教学步骤	活动设计	设计说明及意图
Step 1: Lead-in	Q1: How much do you know about the English language? Q2: Do you know the phrase "world English"? Can you list some?	（1）激活学生原有背景知识。 （2）导入文本话题
Step 2: Title-reading	Q1: what are the key words of the title? Q2: What information can you get from the key words? Q3: Can you guess the writing order of the passage according to the title?	通过阅读标题，寻找标题关键词，有效培养学生借助标题预测文章大意的能力
Step 3: Read for the structure	Task 1: Summarize the main idea of each paragraph. Task 2: Analyze the structure of the passage	通过概括段落大意、分段，明晰文本结构，有效培养学生的整体阅读能力
Step 4: Read for details （1）Part 1: Paras.1&Paras.2	Task 1: Divide Paragraph1 into a few parts according to logic. Task 2: Underline the key phrases containing logic lines. Task 3: Summarize the main idea of Part 1 by a sentence	（1）Task1&Task2：通过寻找段落中隐藏的三条逻辑线，培养学生的逻辑思维。 （2）Task3：解构段落，概括段落大意。学生感知句间关系及作者谋篇布局的方法

续 表

教学过程		
教学步骤	活动设计	设计说明及意图
（2）Part2: Paras.3&Paras.4	Q1: Which one is the topic sentence of the two paragraphs? Q2: What is the function of the following sentences? Q3: How many examples or changes of English are mentioned here? How do you know? Q4: These changes were caused by cultures meeting and communicating with each other. Then what ways of cultures meeting and communicating are mentioned here? Q5: Can you list other ways of cultures meeting and communicating with each other?	（1）Q1&Q2：通过寻找主题句、支撑句，明晰段落架构方式，体会写作技巧。 （2）Q3：感知体验语篇标记语在行文中的作用。 （3）Q4：通过表层信息推断隐含信息（文化碰撞的三种方式），培养学生推理判断能力，促进其思维品质的发展。 （4）Q5：举一反三，加深对文本内容的理解。培养学生的推断能力，促进其思维能力的发展
（3）Part 3: Para.5	Q1: Which countries are mentioned here? Q2: Why are they mentioned? Q3: Why does the author choose Asia and Africa to talk about the development of English?	从参阅型问题（Q1）到展示型问题（Q2&Q3），培养学生通过表层信息推断隐含信息及作者选取例子的深意，体会写作意图
Step 5: Post-reading	Task1: Please briefly introduce the development of the English language in your own words. Task2: Do you think Chinese English will develop its own identity? Please use the information in the passage to support yourself	（1）Task1：复述英语发展简史，发展语言能力。 （2）Task2：发展语言能力，巩固内化课堂所学，提高民族自豪感，增强文化自信
Homework	Write a short passage of about 60～80 words to introduce the development of the English language	巩固内化本节阅读课，促进语言能力的发展

3. 语言主题板块的评价设计

根据《新课标》，高中英语学业水平考试和高考主要考查学生在语言能力、文化意识、思维品质和学习能力等方面达到的水平。这些素养在不同程度上可以通过笔试直接或间接地考查，有些素养更适合通过非笔试的方式考查，如口试、访谈、观察、档案袋等。

评价方式为表现性评价和终结性评价相结合，评价时机主要有课前导学案、课堂观察、作业考查、课后考查、平时交流等，评价形式主要有学生自评、学生互评、教师评价等（见表4-2-6）。

表4-2-6　必修一 Unit 2 "English around the World
Reading: A Road to Modern English" 评价设计

人与社会语言主题板块			教学内容：必修一 Unit 2 "English around the World Reading: A Road to Modern English"
核心素养			评价活动
语言能力	语言知识	语音	单元重点词汇会拼读（课堂观察+课后考查）
语言能力	语言知识	词汇	以单元重点词汇、语块用法为考查目标，设计多形式、多层次的练习，如中英互译、选词填空、单词拼写、补全句子、同义转换、单句翻译、使用目标词汇表达等（笔试）
	语言技能	说	能按时间顺序有条理地叙述英语发展简史（课堂观察）
		读	能读懂话题、长度、难度相近的拓展文本并完成读后理解性测试任务（课后考查）
		写	能按时间顺序有条理地描述英语发展简史（作业考查）
国际视野	国际意识		了解"世界英语"的主要分支（课堂观察）
	国际交往		理解语言变化发展的主要原因是文化碰撞，并能举一反三，列举出其他文化碰撞的方式，如国际贸易、娱乐、影视输出、教育等（课堂观察）
	国际竞争		认识到语言作为文化的载体，其变化发展因文化碰撞而产生，同时它也是文化输出的重要方式，从而提高国际竞争意识（平时交流）
	尊重差异		了解美国英语和英国英语的主要差别（课前导学案+课堂观察）
学习能力	资源策略		能利用网络、书籍等方式获取"World English"的概念、分支及美国英语和英国英语的主要区别（课前导学案）
	交际策略		在遇到困难时会通过小组合作、同伴互助来分析问题、解决问题（课堂观察）

续 表

人与社会 语言主题板块			教学内容：必修一 Unit 2 "English around the World Reading: A Road to Modern English"
核心素养			评价活动
思维 品质	逻辑 思维	预测	能根据标题关键词"road"预测文本主要内容（课堂观察）
		概括	能在通读全文后根据段落主题句概括出段落大意（课堂观察）
		分析	1. 能对文本进行分段，明晰文本结构（课堂观察） 2. 能通过逻辑分析，找到第一段暗含的三条逻辑线并据此得出结论：第一段为主题段落（课堂观察）
		区分事实 与观点	能找到第三段的主题句和支撑句（课堂观察）
	批判性 思维	推断	能举一反三，列举出其他文化碰撞方式，如国际贸易，娱乐、影视输出、教育等（课堂观察）
		评判	能根据课堂所学评判未来是否会产生"Chinese English"，并自圆其说（课堂观察）
国家 认同	国家 意识	文化自信	因为越来越多的文化交流和碰撞，可能会产生中国英语，应提升文化自信（平时交流）

五、研究的成效与反思

在整个研究过程中，我们坚持科学求实的态度，用调查分析、行动研究的方式开展各项活动，确保课题成果的可操作性和实用性。课题组成员也在不断地"参与—实践—反思—改进"中提高了自身的专业素养。同时，我们认真总结研究过程中积累的经验和学习体会，形成文字，并撰写了多篇论文。现将具体课题成果总结如下。

第一，总结了一种基于核心素养的教、学、评活动设计技术框架。

第二，整理并细化了语言主题板块核心素养层级结构表。

第三，通过研究实践，总结提炼了语言主题板块教、学、评活动设计的一般框架，并对存在的问题进行了梳理，给出了许多有益的建议。

第四，在课题实践过程中，课题组成员积累材料，撰写论文，并通过各种平台以主题发言、课例展示等形式将成果进行交流和推广，让更多的师生受益。

第五，经过近一年的实践研究，课题组成员对英语学科素养的认识有了进一步的提升，积累了课例资料，促进了自身发展，提升了专业水平，同时也为同行提供了相关话题的研究视角。

但由于课题实践的时间尚短，本课题的研究还存在许多问题如下。

第一，以核心素养为导向，如何整合吸收语言主题板块的优秀教学材料，尤其是试听材料，以丰富学生的学习体验？

第二，在教学评设计中，如何紧紧围绕核心素养，达到目标、活动、评价三者的一致性？

第三，如何进行有效的教学活动，尤其是阅读活动，以促进学生核心素养的发展？

第四，如何进行指向核心素养的更有效、更有实践意义的评价设计？

这些问题都需要课题组不断地思考研究，以完善发展学生核心素养的语言主题板块教、学、评活动设计的研究。

📖 参考文献

［1］中华人民共和国教育部.普通高中英语课程标准（2017年版）［M］.北京：人民教育出版社，2018.

［2］陈小萍.基于核心素养的高中英语深层阅读教学实践［J］.中小学外语教学（中学），2018，41（09）：53-58.

［3］人民教育出版社课程教材研究所英语课程教材研究开发中心.普通高中课程标准实验教科书·英语（必修2）［M］.北京：人民教育出版社，2007.

［4］梁美珍，黄海丽，於晨，等.英语阅读教学中的问题设计：评判性阅读视角［M］.杭州：浙江大学出版社，2013.

第三节　发展学生核心素养的
Travelling主题教学设计[①]

浙江省仙居中学课题组

一、课题的提出

核心素养是关于学生知识，技能，情感、态度与价值观等的综合表现，是每一名学生获得幸福生活、适应个人终身发展和社会发展不可缺少的素养，其发展是一个持续的过程，可教可学，最初在家庭和学校中得以培养，随后在一生中不断完善。但是，"核心素养"只是一个宏观概念，而不是一个具体的课堂操作手段。要使学生具备核心素养，最终还要落实到日常的学科教学中。

在《新课标》提出的"三大主题语境"下，旅游主题板块的英语学习涉及"生活与学习""做人与做事""人际沟通""文学、艺术与体育""历史、社会与文化""自然生态""环境保护"等子主题。因此，本课题把对旅游主题板块意义的探究视为教与学的核心任务，并以此整合学习内容，引导学生语言能力、文化意识、思维品质和学习能力的整体发展。

[①] 本文系浙江省教育科学规划课题"发展学生核心素养的高中英语教学设计研究"的子课题研究报告（课题编号：2016SC27901）。

课题负责人：王一；课题组成员：吴美平、沈琼、潘优燕、张伊娜；执笔人：王一。

二、研究目标、思路与框架

（一）研究目标

（1）探索如何逐步分解核心素养并使之落实到课堂教学之中，使核心素养的关键问题在教学内容中具体化，并提出相应的教学设计框架。

（2）通过基于核心素养的旅游主题板块教学，在一定程度上提升学生相应的素养。

（二）研究思路

在总课题的研究框架下，基于教材话题进行分析、整合，先向学生发放问卷，调查他们的相关素养发展水平和板块学习需求，再初步分解该板块所涉及的素养提高目标。接着，根据目标分析教材，确定教学内容，并进一步将核心素养分解到每一课。最后，以人教版必修一Unit 3 "Travel Journal" 的单元教学为例，进行课堂实施和课后反思，并改进教学设计。在该单元的教学结束后，再次通过问卷和访谈的方式调查学生相关核心素养提升的情况。

三、研究内容

本课题在分析学习者的前提下，整合教学资源，设计和实施板块整体教学，并对教学过程和教学结果进行评价。

（一）旅游主题板块学习目标和培养途径

通过对两个高一班学生学习需求的问卷调查（问卷略），课题组发现，学生希望扎实地获取考试和生活中实用的语言能力，同时希望给学习过程增加趣味。由此，本课题组从英语的工具性和人文性出发设置课程目标，在考虑学生需求的前提下，将旅游主题板块英语教学时学生所应具备的具体能力及主要培养途径总结如下（见表4–3–1）。

表4–3–1　旅游主题板块学习的目标和培养途径

具体能力	涉及素养	主要培养途径
查阅简易地图	思维品质 学习能力	综合实践活动：学生在情境中依据地图、气象图、旅游广告、旅行指南等给定材料进行小组合作，制订一份"旅行计划"
听、读、看懂天气预报		
制订"旅行计划"（重点）		

续 表

具体能力	涉及素养	主要培养途径
阅读旅游广告、旅行指南等	语言能力	阅读课、听说课、读写课等
阅读路牌、提示语等		
与当地人交流：问路、点餐、入住酒店等		
阅读和撰写游记（重点）		
欣赏自然和人文景观	文化意识	
了解旅行目的地的风土人情和文化差异		
文明旅游、旅伴互助		

（二）旅游主题板块英语教学的教学设计

"旅游"是学生个体与社会、自然互动，并在语言交流、文化体验和思维碰撞中丰富人生阅历的过程。因此，在该板块的英语教学中，应注意挖掘语篇所承载的与学生生活密切关联的文化信息，鼓励学生学习和运用语言，并设计综合实践性质的主题探究活动，推动学生对主题的深入学习。课题组以人教版必修一Unit 3 "Travel Journal"的单元教学为例。

1. 旅游主题核心素养层级分解

该单元内的两篇课文与听力材料、Workbook中的课后阅读材料，组成了一个完整的故事：王薇和兄弟王昆及两位堂兄弟沿着澜沧江（流入中南半岛后的河段称为湄公河）从源头骑行到终点。他们骑出国门，途经老挝、泰国和柬埔寨等国家，一路细心观察，与当地人交流，欣赏风景和体验文化。在课本之外的导学案、作业和测试卷中，也增加了与该话题相关的学习材料。本板块英语教学各方面核心素养的分级目标，见表4-3-2。

表4-3-2　人教版必修一Unit 3 "Travel Journal"核心素养分解和教学目标

一级	二级	三级	四级
语言能力	认知并掌握旅行话题相关语言知识（输入）	认知掌握相关地理、交通、景观等词汇	convenient, a means of transport, route, at an altitude of, rapids, flow through, waterfall, meander, plain, river delta, on schedule, at midnight, in detail, scenery, sight, view, scene, the setting sun...
		认知掌握其他描写人物行为、性格等的词汇	persuade, be fond of, shortcoming, stubborn, insist, determined, make up one's mind, graduate, reliable, attitude to/towards, dream of / about...

续　表

一级	二级	三级	四级
语言能力	认知并掌握旅行话题相关语言知识（输入）	阐述计划时需要的句型和语法	掌握"since做连词时，主句常用完成时态""it is...that/who强调句""insist that sb. (should) do虚拟句"的用法，进行时表将来，等等
	理解文本具体信息（内化）	获取本次旅行过程的具体信息	读简易地图，了解主人公旅行的交通方式及路线，初步了解澜沧江——湄公河流域的地理和文化，等等
		理解旅行者的感受和态度等	理解主人公的性格特点和行事风格
	解释并重组文本信息（内化）	解释、归纳、概括文本内容	概括主人公的旅行计划，预测他们将体验的人文和自然景观
	欣赏并积累文本语言（内化）	欣赏并模仿文本	欣赏文本中体现的澜沧江——湄公河沿岸风光，学习文本生动的叙事方法；体会"The lakes shone like glass in the setting sun and looked wonderful."等语句的优美
	交流并迁移（输出）	交流旅行体验、撰写游记等	口头交流旅行计划、旅行体验等；模仿文本撰写一篇自己的游记
文化意识	认知并理解文化多样性	个体差异	对比主人公王昆和王薇迥异的人物性格并在对话描写中概括出来
		文化差异	了解澜沧江——湄公河流域不同民族、不同国家的不同文化
	面向世界的开放态度和文化自信	运用文化知识为文本中出现的文化差异提供可能的解释，并结合实际情况进行分析比较；增强民族自豪感	
思维品质	批判性	评价、质疑的思维品质	评价文本中的人物及其旅行历程，分析并总结这次骑行的意义
	逻辑性	依据材料进行概括、推理、预测的能力	在情境中依据地图、气象图表、旅游广告、旅行指南等给定材料进行小组合作，制订"旅行计划"
	创造性	在学习和模仿的基础上进行语言创造及创造性地克服困难的能力	
学习能力	自主学习	多渠道获取信息、多角度加工信息的能力	通过教材、讲义、地图册、网络等查找与澜沧江——湄公河流域人文地理相关的信息，并进行有效加工；独立学习与小组学习相结合

续 表

一级	二级	三级	四级
学习能力	自主学习	良好的习惯和必要的动机	预习词汇，记忆词汇的音、形、义；查阅词典；自学课文内容，提出问题；对板块话题保持兴趣
	反思调控学习	积极调适学习策略，努力提升学习效率	
		对照目标，总结和评价板块学习结果	

2. 单元教学设计

人教版必修一Unit 3 "Travel Journal" 的单元教学由5个课时组成。

第一课时是教材中第一篇课文的阅读。学生通过对交通工具的讨论学习相关词汇；通过阅读课文，了解澜沧江——湄公河流域的地理位置及描写河流的地理词汇，总结和描述主人公的性格，欣赏主人公王昆质疑和求证的精神，提升复述、概括、推断、总结和批判性阅读的能力；通过文本熏陶，体会挑战大自然的勇敢精神，了解"妥协"的交际技巧；通过课堂的"看图复述"，欣赏澜沧江——湄公河的美景，了解其流域的人文和地理，激发学生对旅游、生活和自然的热爱。

第二课时是语言学习课，以"导学案"的形式使学生在使用中巩固课文中的词汇和句型掌握程度、唤醒对"进行时表将来"的已有图式。课堂中，学生在语境中学习、操练和巩固。本课涉及的语篇皆与本板块话题——"旅行中的保健和急救知识""地图的作用""旅伴间同舟共济的精神""对旅行意义的思考"等相关。

第三课时是教材中第二篇课文的读写结合课，学生进一步分析人物性格和表现手法，通过对比王昆出发前后的态度，探究旅行的意义。重点了解景物描写的作用，学习比喻等修辞方法的运用，并积累和背诵优美句子和段落。结合本单元文本的特点，堂课设计了"对话续写"任务。读完两篇关于骑行的记叙文后，学生在课堂上猜测"第二天在帐篷里醒来后，王昆和王薇可能发生的对话"。教师通过指定首句、末句和10个词汇（要求至少用上5个）的方式给学生的续写规定大致范围，要求学生在对话续写中体现主人公的性格特征。

第四课时是听说课。人教版教材提供了与单元话题相关的听力材料。录音里的故事发生在老挝，教师通过配图的拓展阅读材料让学生初步了解老挝的人口、宗教、经济发展情况等。通过听力教学，学生能进一步了解老挝境内湄公河的美景、作用及沿岸人民的文化和生活，加深对这个东南亚国家的了解。除了潜移默化地培养学生的文化品格，课题组充分利用听力素材，引导学生关注"语言在旅行中的作用"，设计了"向主人请求借宿""与当地人聊天"等情境，让学生编写旅行者与餐馆服务员、小和尚、自行车修理工或渔民的对话。为了完成这项任务，学生需要通过书刊、网络等查询老挝的风土人情等有关信息，从而发展在跨文化交际中正确使用语言的能力和多渠道获取学习资源的技能。

第五课时是综合实践活动。这是一种"问题解决学习"，是基于学习资源的开放式学习，是英语学习活动的践行。学生学习的过程不仅是对知识的加工和认知，还应该在面对新问题时学会整合和运用知识分析与解决问题。在持续约90分钟的课堂中，创造情境，要求学生利用学习资源完成任务。学生的任务是制订一份劳动节期间游览伦敦的旅行计划。同时，评分细则也印发到各组，要求他们用英文制订操作性强的旅行计划，考虑交通方式选择、时间安排、景点选择、路线安排、经费预算等。通过实践，课题组发现，学生们编制的旅行计划基本合格，各有侧重。有的小组配上了插图，有的小组写了选择景点的理由，有的小组提出了网络购票等节约开支的办法，有的小组把"参观中小学校""逛书店"等自己感兴趣的项目添入日程。该活动有利于激发学生的兴趣，调动学生对旅游主题的激情，提高学生的语言理解能力和表达能力。

3. 单元教学的评价

（1）对学生学习的评价

教师通过观察学生在课堂上的表现和作业完成情况、综合实践活动情况对学生进行形成性评价，并通过口头表扬和建议向学生本人传达评价。本板块形成性评价的另一重要组成部分是"综合实践活动课"，学生可根据"旅行计划评分标准"进行自评和互评。

在单元学习结束后，教师印发一张书面测试卷，测试内容包括目标词汇在语篇中的填空、语法重点（进行时表将来）的运用、与板块话题有关文章的阅读理解和游记写作（要求学生回忆自己参加4月份学校组织的"生态毅行"徒步活动时的所见、所闻、所感，并用英文撰写约150词的游记）。教师使用该测试卷评价学生的板块学习情况，并判断学生学习的收获与不足，以调整自己的教学内容和方法。

（2）对板块教学设计的评价

对教学总的评价标准是：有助于促进学生核心素养的发展。具体的评价对照细分的核心素养培养目标进行，在授课教师自评、听课教师点评的基础上，进一步完善教学设计。

四、效果与讨论

（一）基于发展学生核心素养的旅游主题板块教学设计

以人教版必修一Unit 3 "Travel Journal" 的教学为例。在单元教学中，以"骑行澜沧江——湄公河"的故事为主，让学生分析主人公性格，诵读优美语篇，理解文化差异，探索旅行意义。在阅读和聆听"澜沧江——湄公河之行"的故事、夯实语言基础的同时，让学生联系参加"生态毅行"徒步活动的所见、所闻、所感，在主题语境中进行一系列语言活动，获得相应的具体能力。

（二）学科核心素养的提升

为了调查本板块的教学是否促进了学生核心素养的发展，课题组参照许静美用以测量厦门市高中英语学科核心素养培养现状的问卷，向高一年级两个班共80名学生发放了问卷（见附录6）。在Unit 3 "Travel Journal" 教学前实施前测，然后在为期一周（5课时）的单元教学结束后再次施测。前后测试数据对比详见表4-3-3 ~ 表4-3-6。

表4-3-3　语言能力前后测对比及分析

核心素养	题号	前测平均分	后测平均分	分析
语言能力	1	3.56	3.6	多数学生认为自己的语言能力尚可，口语能力较差
	2	2.63	2.65	
	3	3.76	3.79	
	4	3.13	3.11	
	5	3.2	3.23	
语言能力	6	3.16	3.29	多数学生认为自己的语言能力尚可，口语能力较差
	7	3.63	3.59	
	8	3.48	3.5	
总平均分：前测3.32，后测3.35				

表4-3-4　文化意识前后测对比及分析

核心素养	题号	前测平均分	后测平均分	分析
文化意识	9	4.7	4.75	学生有较强的跨文化交际意识，对不同文化持尊重和开放的态度，且有较强的民族自尊心
	10	4.16	4.15	
	11	3.2	3.21	
	12	4.8	4.83	
	13	4.49	4.48	
	14	4.39	4.4	
总平均分：前测4.29，后测4.30				

表4-3-5　思维品质前后测对比及分析

核心素养	题号	前测平均分	后测平均分	分析
思维品质	15	3.95	3.89	第17和19题得分较低，说明学生不常发表特立独行的观点；第18题得分较低则体现了学生不擅长在面对复杂问题时保持理性思考
	16	3.4	3.39	
	17	2.68	2.66	
	18	2.94	2.98	
	19	2.26	2.36	
	20	3.75	3.75	
总平均分：前测3.16，后测3.17				

表4-3-6　学习能力前后测对比及分析

核心素养	题号	前测平均分	后测平均分	分析
学习能力	21	3.66	3.69	第23、24、27题得分较低，说明学生在认知策略、调控策略和资源策略方面存在较大不足
	22	3.79	3.76	
	23	2.65	2.68	
	24	2.6	2.6	
	25	2.64	2.65	
	26	4.09	4.04	
	27	2.13	2.19	
	28	3.64	3.66	
	29	3.21	3.26	
	30	3.48	3.41	
总平均分：前测3.19，后测3.19				

通过对样本进行检验发现，仅有第6题、第19题的前后测结果存在显著差异。说明经过为期一周的教学，学生在"时间、地点和方位的表达""发表不同见解"等方面有了显著进步。课题组认为这些进步的主要原因如下。

第一，"时间、地点和方位的表达"，在课堂上阅读英文简易地图和制订旅行计划时进行了充分练习。

第二，该板块设置了综合实践活动课，给了学生发表见解、主动搜集和利用英语学习资源的机会。

一周内得分的显著提升验证了素养是可教、可学的，可通过有意识的教育过程及学生的学习积累获得。但是，这两项以外的所有得分都没有显著差异。由此，课题组认为，通过本次单元教学，学生的核心素养在部分子领域的具体内容上得到了有效发展，但总的来说并没有显著提升。这也说明，素养的培养不是短时间内、利用单一学科就可以达成的，而是要在长期的学科和跨学科学习与实践中逐渐形成。

五、结论及后续研究思考

英语学科核心素养的实现是一个庞大而复杂的过程。在教师有意识地教学下，学生素养的具体指标能得到提升，但素养的综合发展还需要教育者秉持立德树人的理念，在每一个话题板块的教学和每一堂课的设计上不断渗透，才能实现学生核心素养的全面提升。

参考文献

［1］邹为诚.大咖来了之邹为诚篇（上）［J］.英语学习，2017（01）：12-16.

［2］许静美.厦门市高中英语学科核心素养培养现状调研及改进建议［D］.
福州：福建师范大学，2016.

第四节　发展学生核心素养的 Culture 主题教学设计[①]

浙江省台州市第一中学课题组

一、课题的提出

（一）现状

《中国学生发展核心素养》总体框架指出：中学生要具有文化自信，尊重中华民族的优秀文明成果，能传播、弘扬中华优秀传统文化和社会主义先进文化；同时能够尊重世界多元文化的多样性和差异性，积极参与跨文化交流。《普通高中英语课程标准（2017年版）》（以下简称《新课标》）对高中英语课程文化知识内容提出了具体的要求，对文化的重视提到了新高度。《新课标》指出：学生在学习外语的同时应注重通过外语学习和对国外文化的了解与借鉴，促进自身价值观、人生观的发展和综合人文素养的提高。现行人教版高中英语教材有很多涉及文化主题的教学内容，在编排的过程中应注重拓宽学生的文化知识视野；教材的语篇中也包含跨文化交际的信息，英语国家、非英语国家和中国的文化各占一定比重，中外文化交织在一起，体现了教材的国际性和民族性。由此可见，文化主题板块是高中英语课堂教学的重要组成部分，也是英语学科核心素养的构成要素。

[①] 本文系浙江省教育科学规划课题"发展学生核心素养的高中英语教学设计研究"的子课题研究报告（课题编号：2016SC27903）。

子课题负责人：靳燕；课题组成员：高敬龙、徐香云、董妮娅、潘红；执笔人：靳燕。

文化影响并塑造语言。学生只有在真正了解语言的文化含义并成功将其运用于跨文化交际的实践中，才真正掌握了一门语言。然而，受应试教育的影响，部分教师过分强调应试教育，缺乏对英语学科的人文性的深入探讨。这就导致相当一部分学生缺乏跨文化知识，在跨文化交际的过程中缺乏自信，这些显然不利于学生核心素养的发展。

因此，在当前新课程改革的大形势下，结合课堂教学实际，课题组认为这一课题研究具有现实意义。本课题聚焦有关"文化板块"的单元主题，以教材为载体，通过单元主题的整合和设计使学生拓宽知识面，学会解释和评价语篇反映的文化现象，比较和归纳语篇反映的文化内涵，形成自己的文化鉴别能力，以此提高英语课堂教学的有效性，为学生的终身发展奠定坚实的基础。

（二）理论背景

美国语言学家拉多（Lado）在1957年提出了文化对比的基本框架，即通过比较行为模式在两种不同文化中的形式、意义和分布，了解本族文化和目的语的差异。社会语言学家海姆斯（Hymes）指出社会交际与文化因素对语言能力的重要性。他认为语言学习不仅仅是习得语言的语音、词法、句法、词汇、语义等知识，更重要的是达到语用和文化交际的目的。20世纪70年代以来，交际教学法的出现要求人们了解与语言交际有关的文化，注重文化意识的培养。查斯顿（Charston）认为与外国人交往的能力不仅取决于外语技能，还取决于对对方文化习俗的理解；跨文化理解本身就是相互依赖的现代国际社会总教育的基本目的之一。胡文仲先生认为越深刻细致地了解所学语言国家的文化、风俗习惯，就越能正确理解和准确地使用这种语言。王振亚提出：外语教学包含语言与文化，语言能力和文化能力应同步发展。潘洞庭指出：实现跨文化交际是外语教学的根本目的，外语教学必须有效地导入文化，有计划、有系统地组织文化教学。《新课标》也根据必修、选择性必修和选修（提高类）三个层次对普通高中英语文化知识内容的学习提出了具体的要求。

由此可见，国内外对于语言教学与文化重要性的研究已经有了一些成果，这为课题研究奠定了理论基础。但是，与文化有关的教学设计研究十分匮乏。为弥补以上不足，课题组试图从实际操作层面提出可供借鉴的范式教学，以此抛砖引玉。

二、研究目标

课题组依据《新课标》，结合主题，确定教学目标，从四个维度进行目标的分级分层，使各项目标可观察、可量化、可评价，使得英语学科核心素养的培养在课堂教学中得到落实（见图4-4-1）。

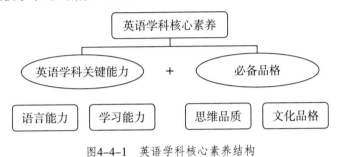

图4-4-1　英语学科核心素养结构

三、思路与框架

课题组对人教版教材中有关"文化"的教学内容和其他教材中的相关主题进行整合，引导学生在学习的过程中对比中外文化的异同。进行学习设计、教学设计和评价设计，让师生明确各自的目标，课后及时反思，及时调整，及时改进教学内容和方法（见图4-4-2）。

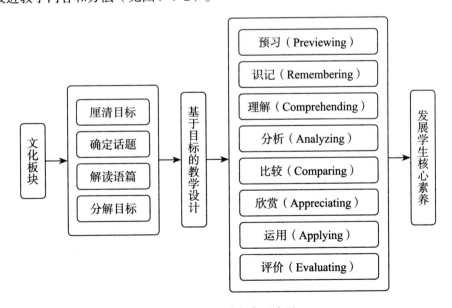

图4-4-2　研究框架示意图

四、研究内容

本课题始于2016年5月,在此之前,课题组为课题进行实质性研究做了有效的铺垫。课题组主要做了以下几个方面的工作。

(一)学生问卷调查及分析

课题组在参考"高中英语学业质量水平"的基础上编制了有关"高中英语教学中文化意识的现状调查"问卷。课题组于2016年5月16日对台州市第一中学高一年级120名学生进行了调查,收到有效问卷100份。同时,随机选取了10名学生作为访谈对象。为了使访谈对象畅所欲言,访谈没有录音。问卷调查采用等组实验法。

1. 调查目的

(1)了解高中英语教学中落实文化意识培养的教学现状。

(2)确定课题研究的具体内容和研究方向。

调查结果统计见表4-4-1。

表4-4-1　高中英语教学中文化意识的现状调查

调查项目	从不	很少	有时	经常	总是
1.了解一些跨文化现象	3	9	18	30	40
2.选择合适的方式方法在课堂等现实情境中获取文化信息	8	10	31	26	25
3.具有足够的文化知识为中外文化的差异提供可能的解释	33	24	20	15	8
4.结合实际情况分析比较文化差异	49	29	12	3	7
5.在进行跨文化交流时,注意彼此之间的文化差异	41	32	15	5	7
6.在进行跨文化交流时,运用基本的交际策略	40	16	7	18	19
7.尊重和理解文化的多样性	0	0	13	42	45
8.具有面向世界的开放心态和文化自信	0	0	12	45	43
9.感悟中外优秀文化的精神内涵	15	18	20	23	24
10.理解和欣赏所学内容的语言美和意蕴美	12	23	15	23	27
11.树立正确的价值观,形成积极的道德情感	0	8	10	35	47
12.内化为个人的意识和品行	0	10	23	18	49
13.有传播中华优秀文化的意识	1	2	5	35	57
14.能够运用简单的英语描述中外文化现象	25	21	19	15	20

2. 调查结果分析

从调查结果来看，学生在比较文化差异、跨文化交际能力的培养、跨文化知识，以及跨文化交际策略的指导方面都有待提高。因此，教师有必要引导学生进行文化差异的主动比较，扩大学生跨文化的知识面；在教学的过程中，培养学生的跨文化意识，指导学生形成跨文化交际策略；在制定教学目标时，重视核心素养在教学过程中的落实，以"文化意识"为重点，实现英语课堂教学中的多元目标。

3. 厘清目标

教学目标是教学的基本前提，也是课堂教学的出发点和归宿。课题组结合核心素养的四个构成要素确定了文化板块的总体目标、单元目标和课时目标。通过制定教学目标，课题组明确了教学设计的方向，确定了教学对学生学习内容所达水平的预值；同时，教学目标也是衡量和评价教学任务是否完成的依据。在此基础上，课题组在进行单元主题教学的过程中拓宽学习渠道，培养学生的思维品质，鼓励学生运用有效的学习策略提高学习能力（见表4-4-2）。

表4-4-2 "In Search of the Amber Room" 核心素养（语言能力）层级分解

一级	二级	三级	四级
语言能力	认知并掌握单元话题（文化）知识（输入）	认知掌握相关话题词汇	认知掌握单元重点词汇：rare, survive, amaze, select, design, honey, fancy, style, decorate, troop, reception, remove, doubt, former, local, apart
		认知掌握词缀派生词	（1）了解有关文化遗产的词汇，如地名、人名、文化遗迹等：cultural relics, Tai Mahal, dragon boat, amber room, Frederick William, Prussia, Peter the Great, Czar, St Petersburg, Catherine II （2）掌握词缀派生词：valuable, survival, survivor, amazing, artist, wooden, rebuild, painting, yellow brown （3）读懂更多有关文化遗迹的素材，如图片、挂图、实物等
	理解文本具体信息（内化）	获取文本中与话题相关的具体信息	了解相关背景知识；了解文章结构；了解话题相关事物的信息及特征，包括who，what，where，when等；能够选择合适的方式方法在课堂等现实情境中获取文化信息和文化知识

一级	二级	三级	四级
语言能力	解释并重组文本信息（内化）	概括、解释、归纳、比较文本信息及历史现象	概括文章和段落大意；把握文脉，厘清上下文逻辑关系；重组文本信息；评价和解释语篇所反映的历史现象和历史事实
	交流并迁移（输出）	口头、笔头表达相关话题（文化）知识	描述并介绍话题相关事物；利用所获取的文化知识解释中西方文化的差异性并进行分析和评价；运用基本的交际策略，尊重彼此的文化差异，进行跨文化沟通和交流

教学目标的层级分解是教与学的具体要求。分解后的目标简洁、清晰、具体、明确，可操作性强。课题组对教学目标进行层级分解的过程，就是细化教与学的具体目标以指导课堂教学实践的过程，也为教师和学生的课后反思提供了方向和依据。

（二）整合文化主题板块的单元主题资源

发展学生核心素养文化主题板块教学设计以人教版教材为蓝本，对其他教材中的相关主题进行整合。在教学实践的过程中，教师引导学生对比中外文化的异同，在开展主题教学的过程中提高学生语言输出的能力，增强学生的民族使命感，使学生树立健全的情感、态度与价值观，为未来发展和终身学习奠定基础（见表4-4-3）。

表4-4-3 "Cultural Relic"主题学习群

课程主题	主题群	单元主题语境	拓展学习资源推荐
人与社会	（1）社会服务与人际沟通；（2）文学、艺术与体育；（3）历史、社会与文化；（4）科学与技术	文化遗产[人教版必修二Unit 1 "Cultural Relic"（文化遗迹）]	（1）外研社选修七Module 7 Unit 6 "The World's Cultural Heritage"。（2）Chinese Cultural relics: "Ancient Architecture"。（3）视频 BBC 纪录片: *The Story of China*

（三）发展学生核心素养文化主题板块的教学设计

课题组在每个单元主题授课之前，根据学生的认知规律和年龄特征设计导学案。每个导学案都有背景知识的补充，以及结合主题阅读的自主预习目标和预习任务。导学案可以让学生提前了解与单元主题相关的内容，引导学生在自主学习和合作学习的过程中进行思考，以激发学生的学习兴趣，激活学生的阅读思维，从而使学生产生进一步了解单元主题的求知欲望。

（1）补充背景知识。背景知识不仅能促进学生对语篇的理解，有利于培养和提高学生的阅读能力，而且能扩大学生的知识面，提高学生的学习兴趣，以更好地达到英语阅读目标的要求。背景知识的补充能够让学生在短时间内了解到与主题相关的知识，为进入阅读内容做好铺垫。

案例1：人教版必修三Unit 1 "Festivals around the World"

语篇中对我国的传统节日"端午节"的介绍只用了一句话："The Dragon Boat Festival in China honors the famous ancient poet, Qu Yuan."课堂实践表明，大多数学生能用母语介绍这一传统节日的起源、风俗和饮食习惯等，只有少数学生能用英语简单介绍这一传统节日的相关信息。课题组将班级40名学生进行"异质分组"，共分为5个组，鼓励学生自主学习校本课程*Chinese Traditional Festivals*，要求学生对自己感兴趣的节日进行材料补充，以便深入了解我国的传统节日，并能用英语简单介绍这一传统节日。下面是其中一个小组在合作学习后展现的有关"端午节"的英文介绍。

The Dragon Boat Festival falls on the fifth day of the fifth lunar month when Qu Yuan jumped into Miluo River and ended his life. Qu Yuan was a dafu in the state of Chu. As a result of his failure in politics, he was driven out of Chu. Sad and angry, he drowned himself in the river. Hearing the news, people sadly rowed to get his body but failed. To save the body from the fish, people threw the bamboo cans with rice（Zongzi）into the river to distract their attention. Since then, people have always rowed dragon boats on rivers in memory of Qu Yuan on that day every year, and thus Zongzi has become the traditional food of the Dragon Boat Festival.

学生的这篇英文介绍既有端午节的具体庆祝时间，也有端午节的来历，且充满画面感。其他学生通过这篇英文介绍可以了解有关屈原的历史故事，对"龙舟节"和"粽子"这些传统文化也有了一定的感知。更为重要的是，学生通过背景知识的补充，在学习课文的过程中丰富了自己的思想和文化知识储备。

（2）补充主题练习。结合单元主题，课题组设计课时主题练习，鼓励学生在阅读背景知识的基础上提前预习课文，了解文章结构，了解世界各地节日的知识，包括who, what, where, when等，并能够选择合适的阅读策略在语篇中获取文化信息，对比文化异同，以此培养其自主学习能力。

案例2：人教版必修三Unit 1 "Festivals around the World"

① Preview the text and fill in the forms（见表4-4-4）.

表4-4-4　Different kinds of the festivals around the world

Kinds of festivals	Names of festivals	Countries	Activities
Festivals of the Dead			
Festivals to Honor People			
Harvest Festival			
Spring Festival			

② As a student, how can you carry forward the Chinese traditions?

_____

_____

问题的设计旨在鼓励学生在阅读的基础上，通过比较、分析、思考，区分语篇所包含的社会文化现象。引导学生借助语篇内容分析语篇中的文化现象，了解中外文化的差异。这样的预习能够让学生不只关注语言知识，还关注语篇所蕴含的文化现象。

（四）发展学生核心素养文化主题板块的教学设计

布卢姆（Bloom）提出了著名的教育目标分类法，即将人的认知目标按照从简单到复杂，从低级到高级的顺序分成六个方面的内容。课题组在借鉴布卢姆教育目标分类法的基础上，结合高中英语课堂教学实际建立了"发展学生核心素养文化主题板块的阅读课教学模式"，主要包括识记、理解、分析、比较、欣赏和运用（见图4-4-3）。

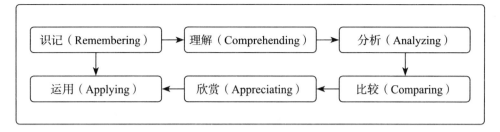

图4-4-3　发展学生核心素养文化主题板块的教学设计示意图

1. 识记（Remembering）

学生在完成导学案的过程中借助背景知识和主题练习认识并记忆与主题相关的词汇、短语、文化现象等，为顺利进入阅读语篇扫除障碍；同时，记忆也是运用的基本要求，学生记忆的过程是语言输入的过程，其最终目的是语言的输出和运用。

2. 理解（Comprehending）

在阅读课堂教学中，教师可以根据学生能力层次，围绕文章主题，鼓励学生对语篇进行信息提取、整合，使之成为有条理的、系统化的"信息块"，这将有助于学生分析理解语篇所承载的文化内涵。

案例3：人教版必修四Unit 3 "A Taste of English Humour Reading：A Master of Nonverbal Humour"

文章第一段As Victor Hugo once said，"Laughter is the sun that drives winter from the human face"，and up to now nobody has been able to do <u>this</u> better than Charlie Chaplin. 教师让学生聚焦思考this的含义。What does "this" refer to? 学生通过讨论，深刻领悟这个小小的"this"蕴含了作者对卓别林及其艺术成就的高度评价，从而凸显出卓别林在战争及困难时期给人们带来快乐和希望、激励人们战胜困难的艺术大师形象。

3. 分析（Analyzing）

在分析的过程中，教师不仅要关注篇章内部结构和逻辑关系，还要帮助学生分析语篇的文体特征和写作手法，理解语篇组成要素的内部关系和结构框架。

案例4：人教版必修四Unit 3 "A Taste of English Humour Reading：A Master of Nonverbal Humour"

在阅读的过程中，教师引导学生思考"Why is Chaplin regarded as a master of nonverbal humor？"随后，卓别林大师的形象逐渐凸显，而促使他成为大师的因素也越来越清晰：his astonishing training, his charming character, his entertaining performance, his convincing acting, his outstanding work。在此基础上引发学生进一步思考"What is a master? What makes a master?"

学生从文章中提取、整合相关信息，分享观点，同时也反观自身，得到激励和鞭策。在语篇的分析过程中，学生也最终悟出："In this passage, master refers to a man of great achievement in one specific field."

4. 比较（Comparing）

学生在已有认知的基础上，能够借助语篇对比中外文化的异同；学会理解、包容和接纳世界多元文化，继承和发扬中华民族的优秀文化。

案例5：中美饮食差异

实验班一名学生曾赴美国参加学校交流访问。在访问期间，她深入体验当地人的生活状况，多方面感受中美文化的差异。在交流的过程中，她发现中美饮食习惯存在较大差异。下文是该学生在学习人教版必修三Unit 2 "Healthy Eating"后写的一篇周记。

Cultural dining practices vary in different countries. When I was staying in my homestay, I found some differences between Chinese diet and American diet. For convenience, Americans prefer hamburgers, fried chicken, pizza, sandwiches, hot dogs and pork chops, which are high in fat and energy. Compared with Americans, most Chinese people attach great importance to balanced diets as well as some fresh fruits after dinner.

5. 欣赏（Appreciating）

鼓励学生在学习的过程中欣赏、记忆、模仿语篇在文化传递中所使用的精彩句子、段落和篇章，赏析语言的修辞之美，学会品味优美地道的语言的魅力。

案例6：高中英语必修五（外研版）Unit 4 "Carnival"

课题组在分析The Magic of the Mask时发现语篇中多次出现押头韵现象。例如"Think of carnival, and you think of crowds, costumes and confusion." "The sounds and sights change from one country to another but the excitement is the same everywhere." "Having fun meant eating, drinking, and dressing up." 通过阅读活动，引导学生从文中找出crowds, costumes, confusion, sounds, sights, drinking, dressing up填空。通过观察，学生能够发现这些词有共同特征，每一组词的首字母是相同的，这便是英语中较为常见的押头韵。

6. 运用（Applying）

学生能够口头或笔头描述或介绍与主题相关的文化现象，形成基本的文化交际策略，并能够用英语进行基本的跨文化沟通和交流。

案例7：笔者所在学校新疆班学生与美国互访师生一起包饺子

在包饺子的过程中，新疆班学生用英语向美国师生介绍饺子所蕴含的文化意义。

Waking up early on the Spring Festival, everybody dresses up. First, children extend greetings to their parents. Then each child will get money wrapped in red paper as a New Year gift. People in northern China will eat dumplings. Also, the shape of the dumpling is like gold ingot from ancient China. So people eat them and wish for money and treasure.

（五）发展学生核心素养文化主题板块的评价设计

1. 教师自评

针对教学设计，教师要从教学目标的达成、教学过程的进行情况等方面进行教学自评，以便找出教学过程中的亮点和存在的问题，为今后的教学改进提供可借鉴的素材（见表4-4-5）。

表4-4-5　人教版必修三Unit 1 "Festivals around the World" 教师自评表

Self-evaluation	What am I able to do?
□ Yes □ No	Able to design proper guided learning worksheet
□ Yes □ No	Able to fulfill the teaching objectives
□ Yes □ No	Able to cultivate the students' reading skills for structure through titles and subtitles
□ Yes □ No	Able to cultivate the students' reading skills for detailed information
□ Yes □ No	Able to cultivate the students' cultural awareness
□ Yes □ No	Able to give in-time assistance when students have trouble in understanding

Self-evaluation	What am I able to do?
□ Yes □ No	Able to help students to tell the differences between the Chinese traditional festivals and western festivals
□ Yes □ No	Able to evaluate the students' performances appropriately

2. 教师对学生的评价

法国教育家第斯多惠（Diesterweg）说过，教学艺术的本质不在于传授，而在于激励、唤醒和鼓舞。课堂教学实践也证明，课堂教学中教师的肯定性评语对学生的进步、成绩的提高能起到较好的激励作用。课题组教师注重对学生进行过程性评价和激励性评价，教师对学生的导学案评价以描述性评语为主，而教师的评语则以激励性语言为主。教师在课堂教学过程中要关注学生情感，善用激励性评价来激励学生的学习热情。

3. 学生自评

学生的自我评价应该包括自我反思、自我激励和自我调整。教师对分析中肯之处要加以肯定和鼓励，对不足之处要加以引导和启发。每位学生应该根据自我评价表，认真做好课后反思，以便在课后及时总结经验教训，及时调整自己的学习方法，弥补自身的不足（见表4-4-6）。

表4-4-6 必修三Unit 1 "Festivals around the World" 学生自评表

Self-evaluation	What am I able to do?
□ Yes □ No	Able to get familiar with the background information of Chinese traditional festivals in the guided learning worksheet
□ Yes □ No	Able to master and apply the target vocabularies and phrases properly in some contexts
□ Yes □ No	Able to speak out the names of Chinese and western festivals
□ Yes □ No	Able to find the structure and main idea of the passage according to its title and subtitles
□ Yes □ No	Able to remember what people usually do in these festivals
□ Yes □ No	Able to know the meaning of festivals and celebrations
□ Yes □ No	Able to communicate with the classmates and share ideas on how to inherit and carry forward the Chinese traditional festivals with them
□ Yes □ No	Able to introduce one of Chinese traditional festivals

4. 学生互评

教师鼓励学生互评。互评时，课题组倡导学生进行激励性评价。提出的意见要中肯，这样不仅能够使学生更清楚地认识到自己的优势与不足，还可以提高学生的批判性思维能力，让学生学会交流、合作与分享，使每个学生在自尊、自信中快乐成长（见表4-4-7）。

表4-4-7　Peer evaluation

Group members	Student A	Student B	Student C	Student D
Participation	□A　□B □C　□D	□A　□B □C　□D	□A　□B □C　□D	□A　□B □C　□D
Cooperation	□A　□B □C　□D	□A　□B □C　□D	□A　□B □C　□D	□A　□B □C　□D
Contribution	□A　□B □C　□D	□A　□B □C　□D	□A　□B □C　□D	□A　□B □C　□D
Leadership	□A　□B □C　□D	□A　□B □C　□D	□A　□B □C　□D	□A　□B □C　□D

It will be much better if you can _____

_____.

I am very happy to cooperate with you because _____

_____.

五、效果与成效

1. 改进教学，落实英语课堂教学中的"核心素养"

课题组通过研讨课不断改进课堂教学，如根据学情设计导学案，依据目标导向设计教学，教学设计关注课题研究的聚焦点，教学活动联系学生的生活实际，教学过程注重学生思维品质的培养，教学评价注重多元化，等等。对照目标，切实探索核心素养在英语课堂教学中的落实方法。

2. 形成思想，促进教师专业发展

在为期一年的课题研究过程中，课题组成员积极阅读相关教育理论，用理论指导课堂教学实践。对于教学过程中的问题积极反思并及时做出调整，努力寻找解决问题的办法，同时加以总结，形成自己的思想，积极进行课程资源的开发和论文的撰写。课题组成员共发表论文五篇,其中两篇被中国人民大学图书信息中心全文转载。另外三篇,两篇发表在国家级期刊上,一篇省级期刊上。

3. 促进学生发展,学生竞赛成绩突出

近几年来,课题组指导学生参加各种英语竞赛,各项活动获奖人数超过百人。学生参加2015年全国中学生英语能力竞赛获一等奖的有4人,获二等奖的有40人,获三等奖的有25人。2016年全国中学生英语能力竞赛中,获一等奖的有6人,获二等奖的有56人,三等奖的有35人(见图4-4-4)。

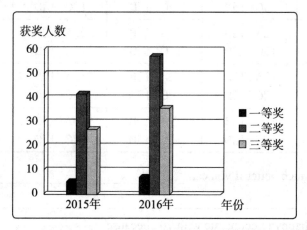

图4-4-4 2015年、2016年全国中学生英语能力竞赛获奖人数统计

在第2016年全国青少年英语口语能力竞赛(浙江赛区)中,实验班学生获一等奖的有21人,获二等奖的有30人,获三等奖的有26人,分别占总人数的27.27 %,38.96 %和33.77 %(见图4-4-5)。

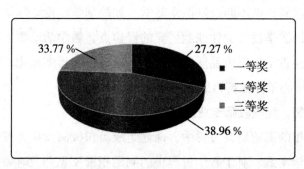

图4-4-5 2016年全国青少年英语口语能力竞赛(浙江赛区)获奖情况统计

2016年、2017年全国中学生英语创新作文大赛获奖人数统计如图4-4-6所示。经过近一年的等组试验，课题组于2017年9月12日对实验班学生进行了后测问卷调查，以了解学生在课题实施后对本课题研究成效的评价反馈（见表4-4-8）。

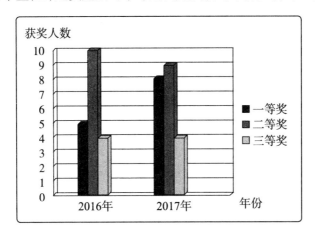

图4-4-6 2016年、2017年全国中学生英语创新作文大赛获奖人数统计

表4-4-8 实验班学生对课题研究的评价反馈

项目	丰富文化知识		增强文化自信		锻炼思维能力		提高跨文化交际能力	
	人数	百分比/%	人数	百分比/%	人数	百分比/%	人数	百分比/%
完全同意	30	30	24	24	35	35	53	53
同意	50	50	38	38	52	52	38	38
基本同意	15	15	32	32	11	11	7	7
不同意	0	0	0	0	0	0	0	0
不确定	5	5	6	6	2	2	2	2

从表4-4-8可以看出：教学资源的补充丰富了学生的文化知识，培养了学生的文化自信，使学生的思维能力得到了提升；学生在学习的过程中提高了自身综合语言运用能力，为跨文化交流和沟通奠定了坚实的基础。

六、结论及后续研究思考

1. 研究的局限性

因受时间和地域限制，本研究从台州市第一中学高一抽取100名学生进行问卷调查，无论是问卷调查的对象还是课堂观察的对象都不能代表所有高中学生的情况。今后的研究可以在高中的三个年级、多个班级以及在其他重点中学与普通中学中进行。

2. 研究时间比较仓促

本研究期限仅为一年，而文化意识核心素养的培养是一个长期的过程，发展学生核心素养应贯穿教育教学的整个过程。如果能持续研究三年（从高一到高三），那么研究效果会更明显。建议今后的相关研究将期限定为高中两年到三年。

参考文献

［1］中华人民共和国教育部.普通高级中学英语课程标准（2017年版）［M］.北京：人民教育出版社，2018.

［2］陈必红.我国高中英语课的文化教学研究［D］.上海：华东师范大学，2007.

［3］刘琳琳.高中英语文化教学的现状调查及对策［D］.济南：山东师范大学，2013.

［4］王振亚.以跨文化交往为目的的外语教学［M］.北京：北京语言大学出版社，2005.

［5］潘洞庭.文化意识与外语教学［J］.中小学外语教学，2007（06）：141-143.

［6］谢丽英.专业课教学目标设计的要点分析［J］.江苏教育研究，2015（Z3）：43-46.

［7］唐冬梅.英语阅读教学中引入文化背景知识的策略思考［J］.读与写（教育教学刊），2010，7（02）：38-39+4.

［8］洛林·W.安德森.布卢姆教育目标分类学［M］.蒋小平，张琴美，罗晶晶，译.北京：外语教学与研究出版社，2009.

［9］第斯多惠.德国教师培养指南［M］.袁安，译.北京：人民教育出版社，2001.

第五节　发展学生核心素养的 Health主题教学设计[①]

台州市黄岩中学课题组

一、课题的提出

（一）现状弊端

英语学科作为基础教育阶段的一门主要学科，对于促进学生核心素养的发展具有重要作用。然而，现今的高中英语教学状况却不容乐观，学生英语核心素养的培养严重缺失，教师在对教材内容的取舍、教学活动的设计等方面只重视对于英语语言知识的诠释，往往将现实生活中的身心健康发展知识抽象成语言教学的内容教授。学生在学习过程中，面对的是抽象的语言知识世界，形成的是"碎片式"的知识结构，难以将书本中的知识和现实世界联系起来，无法运用学过的语言知识解决现实生活中出现的问题，缺乏解决问题的能力和创造性思维。此外，近年来高中学生健康问题受到越来越多的关注，高中学生是祖国的未来，他们的健康状况关系社会的发展与进步。但是薄弱的健康意识、不断加大的学习压力、体育锻炼的缺乏、一些不合理的饮食习惯和不良的生活方式等因素正在危害高中学生的身心健康，学生的亚健康发生率呈逐年增高态

[①] 本文系浙江省教育科学规划课题"发展学生核心素养的高中英语教学设计研究"的子课题研究报告（课题编号：2016SC27904）。

课题负责人：徐丹婷；课题组成员：章斌秋、管健伟、董素云、徐彬智、王妮娜；执笔人：徐丹婷。

势。因此，在高中英语健康板块的教学设计中，如何体现英语学科所具有的工具性和人文性的双重属性，关注学生的英语知识和技能掌握，同时考虑学生通过本板块的课程学习，形成一些关键技能和必备品格，学习基本健康知识和理念、健康生活方式和基本技能，具备科学健康观、安全与急救、传染病预防等素养就显得意义重大。

（二）理论背景

英语不仅是交流的工具，也是思维的工具，学习英语的过程既是掌握另外一种交流工具使用方法的过程，也是促进学生思维进一步发展的过程。

英语核心素养主要是指，学生通过英语课教育及自身的实践和认识活动获得的相关英语学科的基础知识、技能、情感、观念和品质等。可见，英语核心素养包含很多方面，教师在对学生的英语核心素养进行培养的过程中，要关注学生的英语基础知识水平，同时，还应该关注学生对英语这门学科的情感体验，使学生从情感上认识到学习英语的重要性，进而激发学生学习英语的兴趣。在平时的教学设计中，应注重培养学生自主学习能力、合作学习习惯和探究意识及能力。在进一步拓展学科知识的同时，培养学生良好的语言习惯、学习策略、应用能力和与之相应的英语思维能力，也是高中学段的基本任务。同时，身心健康是中学生生存的极为重要的内容之一。人生活在纷繁复杂、变化多端的大千世界，一生会遇到多种环境和变化，中学生要学会在生活实践中正确认识自我，自觉控制自己，调节不良情绪，培养良好的意志品质，正确对待外界影响，增强社会适应能力，培养健康人格，保持健康生活的意识，使身心保持平衡协调。健康板块的教学以培养学生核心能力和素养为主线，安排健康生活的学科知识内容，并把这几个目标融合在一个实际教学活动中，培育学生的核心素养。如能及时整合出合理、科学、全面的健康板块的单元教学设计，进行目标明确的教、学、评活动，学生就会在这一板块的学习中受益。

二、研究目标

从教学要素看，教学主要由目标、活动、评价构成，确保三者一致才能保证教学活动设计有成效。目标是核心，活动是主体，评价是保证，三者的一致性体现了课程的思考逻辑，是有效教学的基本原理之一。因此，本课题基于核心素养框架，围绕高中英语所涉及的核心素养，从健康主题板块的教学设计出发，从健康话题和英语核心素养两个维度来构建教学模式，完善并确定健康主题板块的核心素养层级结构及单元目标，再以此目标为导向，探索出能正确培养学生核心素养的英语教学方式，以及能用来考量教学达成效果的评价体系。将素养的培养融于单元听、说、读、写技能的教学之中，技能教学与核心素养培养相互促进，逐步进行，可使学生在语言能力提高的同时，思维品质、文化品格、学习能力也得到良好的发展。

三、研究思路与框架

以健康主题板块的话题为基础，探索基于核心素养的教学设计的一般流程。基本设想是：确定健康主题板块话题涉及的核心素养—将核心素养分解成可观察、可评价的具体内容—依据分解的核心素养选择健康主题板块的学习资源—以核心素养为依据设计评价标准—确定教、学、评活动设计（见图4-5-1）。

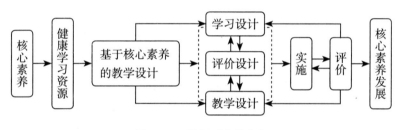

图4-5-1　课题研究总框架

四、研究内容

1. 健康主题板块教学方面的问题发现与分析

在英语教学中，我们发现许多教师仍局限于"语言第一，应试第一"的价值取向，以及机械式重复的、程序化的教学流程，把单元目标仅定位为匆匆"过一下"阅读文本，然后"踏踏实实"地讲语言知识点和语法知识，严重缺乏对培养学生英语核心素养和渗透身心健康意识的关注。学生基本上被限定在单一的教材和课堂环境中被动学习，即使是英语学习成绩较好的学生，也只是掌握所要求的知识内容，缺少必要的英语学习能力、思维品质、语言综合运用能力和身心健康意识。教学目标的狭隘体现在教、学、评活动设计的单一，其结果是英语教育质量远不能符合和适应时代的要求。

2. 基于核心素养的健康主题板块教学资源整合

教材是师生完成教学任务、达成教学目标的媒介和工具，教材不仅仅指教科书，也包括文字教材和音像材料。从形式上讲，它包括视听、书面、网络等各种教学材料，是有效教学的重要组成部分。以健康主题板块的话题为蓝本，我们进行了教学资源整合，具体内容见表4-5-1。

表4-5-1 健康主题板块教学资源整合

主题板块	主题群	单元主题语境	拓展学习资源推荐
人与自我	（1）食物与健康。 （2）健康饮食构成	Unit 2 "Healthy Eating"	外研版教材Book 2 Unit 1 "Our Body and Healthy Habit"
人与社会	急救知识	Unit 5 "First Aid"	Growth-maintaining Health among Young（网络文章）
	健康生活方式	Unit 3 "A Healthy Life"	Time to Defend Medical Science（21世纪学生英文报 高三版）

3. 基于健康主题板块的教学涉及的核心素养和教学目标

目标是一切活动的出发点和归宿，教学目标也如此。设置目标的一个重要价值是将其作为评价教学结果的手段，同时有助于对教学过程和学生的变化做出各种假设，激发教师对教育、教学问题的思考。在实践中，要让教师为达标而教，让学生为达标而学。师生带着目标进课堂，通过英语教学目标的实施和师生的共同努力，形成共同达标的意识。及时反馈意见和有序调控训练的教学机制，使教师反馈有章可循，学生反馈有章可依。我们以健康（Health）主题板块的话题为蓝本，厘清话题所涉及的核心素养，然后进行分级分层的分解，使之可以观察、可以量化、可以评价。本部分以人教版必修三Unit 2 "Healthy Eating"健康板块素养分解和教学目标为例（见表4-5-2）。

表4-5-2 "Healthy Eating"健康板块素养分解和教学目标

一级	二级	三级	四级
语言能力	认知掌握相关健康饮食知识（输入）	认知掌握相关健康饮食词汇	Energy-giving food: nuts, spaghetti, rice, noodles, butter, cream, potatoes, chocolate ... Body-building food: mutton, cheese, the breast of chicken ... Protective food: beans, peas, cucumbers, eggplants, peppers, mushrooms, peaches, lemons, raw

续 表

一级	二级	三级	四级
语言能力	认知掌握相关健康饮食知识（输入）	认知掌握相关健康饮食词汇	vegetables ... Fiber food: celery, bamboo shoots ... Junk food: fried..., roast..., barbecued..., fat and heavy food
		认知掌握其他词汇	lose weight, put on weight, keep slim, eat a balanced diet, get thin, keep them fit, make people fat, give you energy, feel fit
	理解文本具体信息（输入）	获取文本具体信息	了解两个餐馆的菜单构成，分析饮食搭配对人体健康的好处和坏处；了解两个餐馆广告牌的内容，思考其宣传内容是否合理属实
		描述各类饮食及其功效	表达三大类食物及其搭配对人体健康的影响
	解释并重组文本信息（内化）	解释、归纳、概括文本内容	阐释标题意义；概括文本和段落主旨大意；重组文本信息，概括文本内容；把握文脉，厘清上下文逻辑关系
	积累并欣赏文本语言（内化）	模仿并欣赏文本	模仿并引用具有建议和劝告功能的语句；熟练并准确地在实际情境中使用情态动词；欣赏结构复杂、表达优美的句子，模仿并记忆优美句子
	交流并迁移（输出）	口头、笔头表达健康饮食构成知识	总结健康饮食的构成，介绍各类饮食的功效，在实际情境中劝告他人保持健康饮食习惯
文化意识	认知并理解饮食文化多样性	胸怀全球，用包容意识来看待各国健康饮食构成，熟悉各国的健康饮食构成和意识	
	比较世界与中华饮食文化异同	初步汇总中华饮食文化特征；初步了解各国健康饮食结构，对各国餐馆的饮食构成是否健康进行判断	
思维品质	分析判断概括信息	梳理、分析、比较、归纳等逻辑性思维能力，评判、评价、评估、赏析等评判性思维能力，联想想象、模仿创生等创新性思维	
身心健康	健康饮食意识	认识健康饮食的重要意义	
	健康饮食构成	了解健康饮食结构和食物种类及如何保持饮食均衡	
	健康饮食传播	给予健康饮食的生活评价和建议	

续 表

一级	二级	三级	四级
学习能力	自主学习	搜索相关食物的名称	完成各种健康饮食相对应食物的分类作业，搜寻各食物属性，正确评判平衡饮食构成，形成观念
		预习课文生词、文章结构等知识	预习词汇，掌握记忆词汇的音、形、义；查阅词典，初步学会词汇运用；进行词汇的分类和整理，依托话题，记忆与运用
	反思调控学习		对照目标，反思单元学习得失，总结单元学习，评价学习结果，调控学习策略

4. 基于健康主题板块核心素养目标的单元教学设计

学生所有的语言学习活动都围绕"健康"这一主题，基于本单元所选取的不同类型的语篇，通过听、说、读、看、写等方式，获得、梳理、整合与健康主题板块相关的语言知识和文化知识，深化对文本的理解和赏析，比较和探究健康文化内涵，评价和汲取文化精华；同时，在本板块的学习过程中，学生尝试运用所学语言表达个人对身心健康的思想、观点、意识和态度，形成积极健康的人生观和价值观及健康意识。从健康主题板块单元课程内容的六要素可以看出，语言能力、文化品格、思维品质、身心健康和学习能力完全融入了单元课程内容，一个单元的教学内容被细化成听、说、读、写四个方面，从而使学生的单元学习可以作为检测学习结果的可操作性参考标准。

阅读课是高中英语教学的重心，是高中学生学习英语、掌握英语基础知识、巩固和扩大英语词汇量、获取英语信息、增进对英语使用国文化的了解及发展英语的思维能力等的最主要途径，对培养学生的语言能力、文化品格、思维能力、身心健康意识和学习能力的英语核心素养起着举足轻重的作用。本部分以人教版必修三Unit 2"Healthy Eating"阅读课设计为例，围绕分解后的健康主题板块教学目标和学生学情，以本板块的目标为导向，阐释如何设计阅读、语法教学及语言运用教学来发展学生健康主题板块的核心素养（见表4-5-3）。

表4-5-3 "Healthy Eating" 教学活动设计

人与自我/人与社会（健康主题板块）	Teaching material："Healthy Eating"	Other resources（拓展学习材料）：see appendix
学习目标（Objectives）：After this unit, students will be able to...		
教学媒体：多媒体课件制作，各类食物图表等		
学习活动设计	设计说明	

学习活动设计	设计说明
导入： 活动一：讨论健康饮食构成 活动二：预习反馈	导入活动的设计旨在调动学生现有的健康饮食知识，输入并使他们认知、掌握相关健康饮食类别、词汇以及语言能力和分离、概括的思维能力，同时也帮助他们养成预习词汇、查阅词典等自学习惯
文本解读： 活动三：标题解读 T：Next, let's get into the passage. What do you think the passage is about based on the title? 活动四：填写表格 T：Read through the passage about the two restaurants. Would you please find out their features and the differences between them? Please fill in the form about the two restaurants. | Restaurant	Menu
Yong Wei's	
Wang Peng's			在导入环节之后，通过将饮食评判与餐馆就餐联系起来引入课文，进行文本解读。先从标题入手，通过标题初步获取主旨信息，预测文章内容。 快读部分以两个餐馆提供食物的异同为文章主线，以表格的形式帮助学生厘清两个餐馆在菜单、广告牌、自我评价这三方面的不同；以这两家餐馆的竞争为副线，环环相扣，层层递进，检查学生对文章的理解程度，培养他们形成概念、对比、判断、推理的逻辑性思维能力，以及根据题目预测文章大致内容和快速查读寻找基本信息的学习能力和阅读能力
活动五：分析、概括和重组 T：Based on the form, could you please find out the strengths and weaknesses of the two restaurants? T：So what measures did Wang Peng take to win his customers back?	学生判断两家餐厅的优缺点并关注这两家餐厅食物的烹饪方式，基于课前掌握的关于平衡饮食的基础知识，判断王鹏的新做法是否有效，预测这场餐馆竞争的结果。学生将所学的知识真实地运用到实际情境之中，达到巩固知识与信息输出的目的。此学习过程培养了他们解释并重组文本信息进行交流和迁移的语言能力及判断、比对、推理的思维能力

续 表

学习活动设计	设计说明
活动六：评价、创新、输出运用 在读后部分，依据学生的认知水平，可设计两个不同难度系数的任务。一是预测两家餐馆的竞争结果，判断谁会是赢家并给出理由；二是基于文章要点框架，写一篇60～75词的概要	作为对之前阅读任务环节的巩固、延伸和升华，创建话题相关的平台，让学生对所学词汇和句型进行运用与内化，训练他们的概括性思维品质
Appendix： 1. 外研版教材（语篇）Book 2 Unit 1 "Our Body and Healthy Habit" 2. VOA Special English（音频）"What We Eat"	

5. 基于核心素养的健康主题板块教学评价

评价是保证，是课堂教学的一项重要工作，有助于教师检测自己的教学质量、诊断学生的学习困难程度、促进学生的学习。如果评价能够在课堂层面良好运行，那么学生学习将会得到极大的改善。为了确保学生最终实现学习目标，教师要清楚学生达成学习目标后的表现是怎样的，并在此基础上安排和选择一系列的评价内容或方法，才能使教学不流于形式。板块教学的目标和教学设计都是基于发展学生核心素养的，因此本板块的教学测评也应该充分体现核心素养的培养。基于核心素养发展的评价所检测的应该是核心素养的发展水平、迁移程度和解题过程，评价维度应涵盖健康主题板块的基本知识和技能、获得知识与技能的方法及核心素养所包含的必备品格和关键能力。与以往的教学评价相比，基于发展学生核心素养的教学评价应更加关注学生核心素养的发展，从关注知识技能的习得到关注复杂、不确定性的现实问题的解决，从关注学什么到关注如何学习和学会学习，从关注自我学习到关注团队合作和沟通学习。

围绕目标进行教学之后，可进行检测评价（见表4-5-4）。

表4-5-4　学生自评表

Self-evaluation	What am I able to do?
□ Yes □ No	Able to get familiar with the background information in the guided learning worksheet
□ Yes □ No	Able to master and apply the target vocabularies and phrases properly in some contexts

Self-evaluation	What am I able to do?
☐ Yes ☐ No	Able to know different parts of speech of the words which are listed in the guided learning worksheet
☐ Yes ☐ No	Able to get answers to the questions after previewing the passage
☐ Yes ☐ No	Able to speak out the names of Chinese and western food
☐ Yes ☐ No	Able to find the structure and main idea of the passage according to its title and subtitles
☐ Yes ☐ No	Able to remember what people usually eat for a balanced diet
☐ Yes ☐ No	Able to know the meaning of keeping a healthy lifestyle
☐ Yes ☐ No	Able to communicate with the classmates and share ideas on how to inherit and carry forward the healthy lifestyle
☐ Yes ☐ No	Able to introduce one of the healthy ways
☐ Yes ☐ No	Able to have the awareness of living a healthy life

此外，本课题小组在执行各种评价任务后，给学生布置了如下任务：自测并写下本单元学习的关于健康饮食的词汇、句子，总结学习的好词、好句和语法知识；选取其中的5～10个词造句，要求与健康饮食的主题相关；写一篇应用文，推荐叔叔开一家中餐馆，要求尽可能多地用上本单元学过的好词、好句；小组合作进行讨论，议题为"如何看待及处理餐饮业中的过度宣传甚至是虚假广告问题"；课后利用网络或图书馆资料，调查肯德基和麦当劳等外资餐饮的菜单和在中国的营业情况，分析、评论外资餐饮在中国受欢迎的利与弊，要求以辩论赛的形式进行调查和汇报。

五、课题研究的成果

通过课题组两年的行动研究，课题组成员在不断的参与—实践—反思—改进中提高了自身的专业素养，明确了健康主题板块核心素养的具体内容，整合了健康主题板块的教学资源，以确定的相关核心素养为依据设计了评价任务，并形成教学活动设计。此外，明确了英语教学中人际交往能力的地位和作用、加强国际理解和保持身心健康的途径与方法、提高思维品质和培养学习能力应遵循的原则与策略，大大改进了教学，提高了教学水平。同时，研究过程中课题组承担的公开课、积累的课例材料和语料库，得到了一线教师的关注和好评，激发了课题组进一步实践的热情和更多的思考，主要表现如下。

1. 明确了以核心素养为目标的英语教学的地位和作用

根据本学段学生核心素养的主要内容与表现形式，结合英语学科的学科内容与特点，提出实现学生本学段核心素养的具体目标，体现并符合英语学科特色。同时，通过英语核心素养模型改善内容标准呈现的方式，基于核心素养的课堂教学设计打破传统课堂以英语语言知识为中心的教学模式，以促进学生英语学科核心素养的形成为导向，通过核心素养模型的建构丰富了单元教学的内容，根据培养的素养和健康主题板块内容的特点给予有针对性的教学建议，促进学生核心素养的形成。此外，根据核心素养层级目标，建立学业质量标准，为学生学业能力评价提供依据。

2. 促进了新高考背景下阅读和写作教学的有机融合

浙江省英语新高考方案增加了读后续写和概要写作内容。读后续写要求学生准确把握原文本的主旨大意、写作基调和语言特色，续写两个合乎文本逻辑和语言风格的段落。概要写作要求学生用自己的语言来概括文本大意。此题型对学生的思维品质和语言运用能力都提出了更高的要求，我们的英语教学也要顺势而为。课题组在研究过程中积极探索有效地阅读教学方法，努力提高阅读教学效果，在阅读教学中拓展学生的思维，增加学生语言积累，探索语言运用的方法，读写结合，提升学生的语言运用能力。

3. 拓展了一线教师对基于英语核心素养课堂教学模式的关注和研究视角

经过两年的实践研究，课题组成员对基于核心素养的目标和分级，以及新的教学设计与模式的积累研究有了更加深刻的理解和认识，通过教学实践，不仅提高了自身的教学水平，还将自己的研究成果与更多的教师分享和交流，并借助各种平台指导和帮助更多的教师更新观念、关注学生英语核心素养的培养。在课题开展实践的过程中，教师善于积累材料、撰写论文，并通过各种平台以主题发言、观点报告、课例展示等形式将成果进行交流和推广，让更多的教师受益。

六、课题研究反思与建议

核心素养的落实，显然不仅要对教学内容进行选择和变更，更要以学习方式和教学模式的变革为基础。要把当下以"知识为本"的英语教学模式转变为以"核心素养为本"的英语教学模式,必须大力推进科学有效的学习方式和教学模式的改革。经过课题组成员两年的实践研究,我们对如何发展学生核心素养的健康主题板块教学设计有了进一步的认识,初步创建了基于发展学生核心素养健康主题板块的教、学、评模式,积累了课例资料,促进了自身发展,提升了专业水平,同时为同行提供了相关话题的研究视角。在研究的过程中,也发现了如下值得我们在现有研究基础上进一步深化、思考和探究的问题。

第一,如何准确筛选、把握健康主题板块教学涉及的英语学科素养?

第二,如何对学生进行思维引领?如何在课堂实际教学中利用问题培养学生的英语核心素养?

第三,如何搭建促进学生语言感知和理解的支架,提高阅读层次?在目前的高中英语阅读教学中,教师往往会设计问题让学生展现文本理解的结果,但对如何引导学生去关注作者的行文方式往往找不到好的支点。从课堂实践来看,学生难以理解教师的设问意图,或者对教师的设问指向理解有偏差,回答不到点上,或者回答简短,无法深层推进理解。

第四,如何设计有效的评价任务,有针对性地测试学生各相关素养达成情况并促进教学?

参考文献

[1]程晓堂.英语学科核心素养及其测评[J].中国考试,2017(05):7-14.

[2]任美琴.中学英语有效教学的一种实践模型[M].宁波:宁波出版社,2012.

[3]葛炳芳.英语阅读教学的综合视野:内容、思维和语言[M].杭州:浙江大学出版社,2013.

[4]罗少茜,南迪.英语教育中话题与教学大纲、课堂教学、语言评测之间的关系[J].课程·教材·教法,2010,30(01):80-83.

第六节　发展学生核心素养的 Environment主题教学设计①

浙江省温岭中学课题组

一、课题的提出

（一）研究的背景和意义

课堂教学作为一种目的性和意识性很强的活动，要使学生掌握知识，习得技能，发展智力，形成态度和相应的品质。高中英语环境主题板块课堂教学要以发展学生核心素养为目标，必然离不开对于人与自然关系意识的培养。而环境保护这个宏观的问题也和学生的学习结合在了一起。基于以上认识，研究现行高中教材中关于环境保护的材料，实施课堂教学设计就变得非常有意义。不仅可以通过英语语篇学习让学生提高自身的英语水平和学习能力，而且为他们培养环境保护意识、了解环保措施、实施环保行动提供了机会，从而达到发展学生个人核心素养的目标。

（二）课题研究的理论依据

学生要能够通过英语学习达到运用英语就某一话题进行交流的能力，这是学生实现其他学科素养的必要前提。在环境主题板块的课堂教学中，语言的积累和发展是首先要完成的任务。学生要先通过阅读相关文章进行该话题相关词

---

① 本文系浙江省教育科学规划课题"发展学生核心素养的高中英语教学设计研究"的子课题研究报告（课题编号：2016SC27905）。

子课题负责人：阮慧健；课题组成员：李雅婷、张莎莎、江丽云、林萍；执笔人：阮慧健。

汇的学习、理解、内化，并要能用适当的方式把自己的思想表达出来。

英语作为国际理解和跨文化交流中的一种语言工具，其学习本身就是增进国际理解和形成跨文化意识与能力的过程。文化意识核心素养不仅指了解一些文化现象和情感、态度与价值观，还包括评价语篇反映的文化传统和社会文化现象，解释语篇反映的文化传统和社会文化现象，比较和归纳语篇反映的文化，形成自己的文化立场与态度、文化认同感和文化鉴别能力。环境板块的教学目的就是要培养学生关于环境及环境保护的意识，提升学生对保护环境策略的认知，推动学生保护环境的实践活动，使学生了解人与自然和谐共生的要求。

英语课堂教学中的很多活动都能够促进学生思维能力的发展。学生通过运用识别、理解、判断等具体的思维方式，总结语篇中的环境及环境保护概念性英语词汇和表达句式，从不同角度思考解决问题的方法，形成并发展自己独有的思维方式和思维能力。

学习能力作为核心素养之一，并不局限于学习方法和策略，也包括对英语与英语学习的一些认识和态度。学科活动才是形成学科素养的渠道。学科活动意味着对学科知识的加工、消化、吸收，以及在此基础上进行的内化、转化、升华。学生在环境主题板块主题教学中习得的学习策略，培养的情感认知、兴趣态度、学习能力等，可以为他们今后学习相关内容打下良好的基础。学生能够将相关策略用于英语学习中，更能在学习过程中监控学习方法策略的使用情况，为环境主题内容的自主学习和可持续学习创造有利条件。

基于上述关于英语学科核心素养的主要内容及培养途径，结合本板块教学内容在实践过程中存在的语言落实不够到位、策略培养不够精细的现状，为了探索更适于学生发展的教学模式，把学生核心素养的培养真正落到实处，使学生得到全面发展，特提出本课题的研究，旨在探索出适合学生核心素养发展的现行教材环境主题板块相关内容的教学策略。

二、研究的目标

本课题研究在继承、批判、吸收当今国内外外语教学理论、教学思想，以及课堂教学改革方面的经验与成果的基础上，以发展学生英语学科核心素养为目标，运用创新理念，对现行人教版英语教材中关于环境的单元内容进行了整合，以该话题为蓝本进行了教学资源整合，以人教版教材为依托，以其他教材为融合体，吸收其他优秀资源，开发教学资源。

通过本课题的研究，学生能够积累大量关于环境保护及人与自然主题语境下相关的英语词汇和知识，能够掌握分析环境保护话题材料、文章时该采取的策略，能够批判地思考历史上及世界上各国采取的环保措施，能够综合分析并创造性地提出自己对环境保护主题的见解。学生不仅能体会理解文章深层次内涵，分析作者观点，还能体会文章传达的人格塑造、思维培养等素养层面的内容。

三、研究思路与框架

1. 研究思路

基于核心素养的环境主题板块教学设计的一般框架是以环境话题为基础，探索发展学生核心素养教学设计的一般流程。基本设想是：以教材已有的关于环境及环境保护的语篇为基础，分析界定语篇里的学科核心素养相关内容，根据学生特点设计教学活动，对学生的表现进行评价。

2. 具体方案

根据高中学生思维能力层次性的要求，在教学实践中进行分层次培养。

第一阶段，关于环境保护的教学，让学生设计自己的环保项目，并用简单的语言和海报展现自己的环保思路，从而培养学生独立思考、表达自己见解的能力。

第二阶段，让学生进行小组合作，共同探讨本组关于环境保护问题的见解。在小组活动中，他们需要听取其他成员的意见，并对大家的意见进行分析，他们需要通过交流来确定小组的总结性观点。在这个过程中，他们可以听取不同的观点，同时进行有效交流。

第三阶段，为学生设计辩论话题，引起学生思考，利用例证说服他人，表达自己的观点。这样以环境主题为基础，引导学生一步步深入教学活动，可使学生的批判性思维和开放性思维得到发展。

四、研究的内容

（一）环境主题板块的资源整合

课题组的教学设计以人教版必修二Unit 4 "Wildlife Protection Reading：How Daisy Learned to Help Wildlife" 为主要文本，整合教材资源及网络资源，为学生提供较为丰富的与环境主题相关的英语学习材料（见表4-6-1）。

表4-6-1　环境主题学习资源群

主题板块	主题群	单元主题语境	拓展学习资源推荐
人与自然	环境保护	野生动植物的现状与保护（人教版Module 2 Unit 4 "Wildlife Protection"）	（1）人教版Unit 3 Module 7（文章）："A New Dimension of Life" （2）沪江英语（音频）《吃饭也要环保》：http://www.hjenglish.com/new/p124082/ （3）VOA Special English（音频）："People Showing Concern about Disappearing Plant Life"

（二）环境主题板块的目标分解

以课题组对人教版英语必修二Unit 4 "Wildlife Protection Reading：How Daisy Learned to Help Wildlife" 设计为例。首先，根据主题材料和学情进行综合素养层级分解，确定学习目标（见表4-6-2），以及准备教学用具，如多媒体课件、动物图片等；其次，围绕目标，设计主题学习任务。

表4-6-2　必修二Unit 4目标层级分解

一级	二级	三级	四级
语言能力	了解、认知并掌握单元话题（环境）知识（输入）	了解有关环境保护的词汇	fur, Tibetan, lead, jungle, wolf, giraffe, environment, act, measure, harmful, antelope, endanger, hippo, kangaroo, species, endangerment, habitat, in danger, die out, as a result of, lead to, take measure, in the wild
		认知掌握其他词汇	Birmingham, adapt, ecosystem, original, battery, valuable, reduce, respond, amount, package, packaging, devote, common, soda, graph, adapt to, make a difference, devote ... to, at present, set free, throw away, keep... from, first of all, end up as, do... without..., flat, material, poster, attractive, topic, organize, brief

续 表

一级	二级	三级	四级
语言能力	理解文本具体信息（输入）	获取文本中与野生动物保护相关的具体信息	了解文本涉及的野生动物的名称、栖息地，面临的问题和现状，可行的解决办法，以及与自然和谐相处的方法
	解释并重组文本信息（内化）	概括、解释、归纳、比较文本信息	阐释标题意义，着重理解Daisy学习的过程；概括文本和段落主旨大意，厘清各个段落之间的关系，了解段落发展的逻辑关系，从介绍动物的现状到采取的措施等
	内化文本语言	积累并模仿文本语言	欣赏文本中与环境保护相关的佳句，如 "We're being killed for the wool beneath our stomachs. Our fur is being used to make sweaters for people like you"。解释分析语篇中句子的逻辑关系，能尝试加上一些连接词，使句子关系更加明朗，如 "We used to be an endangered species. (because) Farmers hunted us without mercy. They said we destroyed their farms, and money from tourists only went to the large tour companies. So the government decided to help (by allowing)..."
	交流并迁移（输出）	口头、笔头表达相关环保知识	描述并介绍国内外的一些主要濒危植物的现状，分析产生这种现象的原因，并提出可行的对策；能运用基本的交际策略，与同伴就野生动植物保护或环境保护等话题进行讨论
文化意识	认知、理解环境保护的重要性，		了解世界各地的野生动物分布；了解野生动植物的现状；了解环境保护的相关对策；了解中学生进行环保行动的途径，如通过独立性非政府环境保护组织世界自然基金会（World Wide Fund For Nature，WWF）
	培养全球意识，拓宽国际视野		了解野生动植物保护这项事业是需要全人类共同努力的；放眼全球，跨越国界，了解全世界人类和自然和谐相处的要求与对策
思维品质	多元思维能力	逻辑性思维	在感性认识的基础上，运用概念、判断、推理等形式对文本信息进行解读，归纳总结语篇观点
		创新性思维	打破固有的思维模式，运用创新性思维重新思考环境问题及环保知识，得出创造性见解。例如，除了文章中提到的这几种野生动物保护方式之外，你能否提出其他的见解？

续 表

一级	二级	三级	四级
思维品质	多元思维能力	批判性思维	文中所列举的各种野生动物现状及原因是否属实，所提对策是否为最佳对策？
学习能力	自主学习能力		主动完成预习任务，积极参与课堂学习，高质量完成课后作业与复习
	调控能力		积极调适自己的不良情绪、保持持久的学习兴趣和热情。有效监控和管理学习过程
	合作能力		积极参与小组合作活动，乐于分享自己的学习成果，认真倾听同伴的观点和看法，具有良好的沟通能力
	探究能力		引导学生积极探索，鼓励学生大胆猜想、质疑
	资源整合能力		借助现代信息技术，迅速筛选和获取有关国内外环境保护的信息、准确地鉴别提取信息、创造性地加工和处理这些信息

（三）环境主题板块的教学设计

基于以上关于核心素养的概念认知和教材内容的细致分析，课题组对照本单元教学中体现的核心素养要求，探索研究具体的课堂教学方法。成员根据自己的理解进行课堂教学实践研究，并从中进行核心素养基本问题的提炼。通过"一文多思"的思路对比研究，成员在课堂中发表自己所感悟的核心素养认知，对符合本话题板块的核心素养进行巩固。经过多轮的探索，课题组完成了对教材内环境板块主要文章"Wildlife Protection"的教学设计，包括四个教学步骤、七个教学活动（见表4-6-3）。

表4-6-3　必修二Unit 4教学活动设计

人与自然环境主题板块	Teaching material：" Wildlife Protection Reading：How Daisy Learned to Help Wildlife"	Other resources （拓展学习材料）：see appendix

学习目标（Objectives）

1. Students can understand the following words and expressions：

wildlife, protection, long, endangered, species, carpet, respond, distant, fur, antelope, beneath, relief, burst, laughter, mercy, certain, rub, mosquito, millipede, insect, contain, powerful, affect, appreciate, amazed, habitat, long to, die out, in danger, in peace with, in relief, burst into laughter, used to be, without mercy, protect... from, pay attention to, so that

人与自然 环境主题板块	Teaching material："Wildlife Protection Reading：How Daisy Learned to Help Wildlife"	Other resources （拓展学习材料）：see appendix

2. Students can find out the structure and detailed information through fast reading and careful reading.

3. Students can understand the importance and measures of wildlife protection and habitat protection

教学媒体：多媒体课件制作、动物图片

学习活动设计	设计说明
导入： 活动一：介绍一些濒危动物 活动二：引入课文（Show students some pictures of endangered wildlife） T：What do they want to say? Dolphins：The last Yangtze River dolphin, Qiqi, died in 2007. They used to exist in large numbers in the Yangtze River. But they have died out, so we will never have a chance to appreciate their beauty and elegance. The polar bear：Even polar bears, the Arctic rulers, became endangered due to global warming, lack of food and shrink of habitat. (Show the students a picture of a mother polar bear with her baby) T：Can you read any message in the mother bear's eyes? Ss：Deep in thought. She is uncertain about her baby's future. She is hopeless. T：I think she is both hopeless and hopeful. She hopes that we can help them. (Ss nod their heads.) T：Will you help them? Ss：Yes! Fortunately, many people do care about wildlife protection, including a girl named Daisy. Let's read the text: How Daisy learned to help wildlife? 文本解读： 活动三：标题解读 How Daisy Learned to Help Wildlife? 活动四：结构解读 Read for structure：Please read the text as fast as possible and try to find out the answers to the following questions： Q1：How did Daisy travel?	通过对某些濒危动物的讨论引入话题，同时激发学生们的环保热情，自然引出文章主人公Daisy 通过对题目的解读了解文章着重点在"How"

续 表

学习活动设计	设计说明
Q2: Where had Daisy been? Q3: What animals did she meet? Q4: Which animal is endangered/ being protected / living happily? 活动五: 细节解读 Now, let's read the text again paragraph by paragraph to see what Daisy found about the wildlife. Read the paragraphs in different ways. Read the first paragraph silently (Students read the first paragraph silently). Para.1: At home + Tibet Q1: Why did the flying carpet take Daisy to Tibet? Q2: Why are antelopes endangered? Q3: What can we do to help antelopes? Para. 2: Read silently while listening to the tape. Now, Let's read the second paragraph silently while listening to the tape and see what is happening to elephants in Zimbabwe. Para. 2: Zimbabwe In the past: They used to be... Now: Their numbers are... Q4: Why did the author use comparison to describe the elephants' life in the past and now? Para. 3: Read aloud along with the tape. Now, let's read the third paragraph aloud along with the tape and see what the monkey is doing with the millipede (Student read aloud along with the tape). Para. 3: Rainforest Q1: What was the monkey doing? Q2: What is contained in the millipede insect? Q3: What did the monkey want to tell us? Complete the sentence: No rainforest, no animals, no drugs, no _____. Q4: What can we learn from this sentence? If all species co-exist, they form a wildlife chain. Please remember we humans are a member of the chain, too. So protecting wildlife is protecting ourselves! Para. 4: Read aloud together. Now read the fourth paragraph aloud to see if Daisy continued her journey. Para. 4: Back home Q1: What did Daisy think of this experience? What a/an _____ (adj.) experience	以问答形式引导学生对文本结构进行解读,理清文章脉络 细节信息的扫读和细读,加深学生对于文本的理解

学习活动设计	设计说明
活动六：分析、概括和重组 How did Daisy feel during her magical journey? Pay attention to the verbs that may communicate human feelings or emotions. An example: *Before she started her journey, she longed to help wildlife. If you long to do something, you can't wait to do it, you are eager to do it.* (Show "eager" on the screen.) Students read silently to pick out the verbs which express human feelings or emotions. Q：How did Daisy feel at each stop? Please find out the supporting sentences. At home： In Tibet： In Zimbabwe： In the rainforest： Back home： Cried—sad Burst into laughter—relieved Smiled—cheerful eager—sad—relieved—cheerful—amazed. That's the emotion development of Daisy in her journey. No wonder the writer says "What a ... experience!" What words would you use to describe Daisy's experience after reading the passage? Give your reasons	文本理解除了对表面文字意思的理解之外，还有对人物情感变化的梳理。给出一个分析的例子为学生提供支架 对于情感的分析要有文本细节的支撑 学生要能够在理解文本、分析文本的基础上对文章信息做出评判性的思考
活动七：评价、创新、输出和运用 1.There is a WWF whose base is in Switzerland. Can't we have WWF branches elsewhere? We can have WWF branches in our family, our class and our school. Do you want to set up the first WWF branch in your school? Yes! (All the students) They have a slogan "for a living planet". Can you think of a similar sentence like the one in our text "No rainforest, no animals, no drugs." to raise awareness of wildlife protection? Now, let's stick our paper to the blackboard. Students came to the blackboard one after another to stick the paper to it, forming a big WWF on it.	最后通过两个活动的讨论和输出，让学生更加了解ＷＷＦ，以及环保意识并进行环保措施的再思考

续 表

学习活动设计	设计说明
2.Discussion What have you learned from this text? Daisy wants to turn to WWF after awaking from the dream. Imagine what might happen if Daisy were in WWF. Find ten words of expressions in the text and underline them, which may be used in your writing	
Appendix： （1）人教版必修七 Unit 3（文章）："A New Dimension of Life"。 （2）沪江英语（音频）《吃饭也要环保》：http://www.hjenglish.com/new/p124082/。 （3）VOA Special English（音频）："People Showing Concern about Disappearing Plant Life"	

从表4-6-3可以看出，教师围绕环境主题目标开展教学活动设计，从濒危动物的讨论到引导学生梳理学习语篇、概括提取信息，再到组织学生分析Daisy一路上的情感变化，最后让学生创造性地结合WWF来陈述自己的观点。从"学习理解"到"应用实践"，再到"迁移创新"，学生在层层推进的教学活动中加深对文章主题和语言的理解，并始终将评价贯穿于学习过程，在活动中不断了解知识掌握情况，及时调整学习策略。

在完成本课题主要篇章的设计之后，课题组继续挖掘现行人教版教材中关于环境的文章，如必修七Unit 3的第二篇阅读文章"A New Dimension of Life"，在发展核心素养的导向下开展教学活动设计。由于篇幅限制，这里不过多展开。

五、研究的成效与反思

本单元围绕"野生动物保护"这一中心话题进行，对话的内容各有侧重。Daisy从与藏羚羊的对话中了解到濒危野生动物的现状和原因，从大象的口中知道了动物保护的重要性和有关应对措施，从猴子那里学到了保护野生动物更应该关注它们的生活环境，同时了解了动物的习性，学会了与动物们和谐相处的方式。最后，Daisy在奇幻之旅结束时学习到关于野生动物保护的相关知识，提高了保护野生动物的意识。文章立意新颖，活泼有趣，以童话的形式较好地展现了野生动物面临的处境和人类可以采取的保护措施。本话题板块最明显地对学生核心素养的培养应该落实在人与自然的和谐相处以及提高环保意识上，保护环境和野生动植物，人人有责。

教师的教学理念已经转向关注培养学生的综合素质，在发展学生语言能力的同时，培养学生积极的情感、态度和价值观，良好的跨文化意识和有效的学习策略。核心素养的建构必然引发教师对课程内容的重新思考和对教学方式的进一步优化。环境主题板块语篇的教学设计提出了从具体语篇中提取蕴含学科核心素养的内容目标，通过有效的教学和评价手段落实学科核心素养的相关要求，为教材内容和学科核心素养的结合提供了范例。

英语语言的思维特性是很显性的。汉语语言和英语语言两种语言思维的差异性，是我们在思维品质发展中要特别关注的。要培养学生的多元思维，使其思维方式、思考方式、解决问题方式不局限于一种思维。在具体的教学设计中，我们发现对于学生思维能力和思维方式的培养模式还存在较多困惑，如怎样让学生辨别中西思维方式的异同，怎样培养创新性思维，等等，这是我们今后要进行更深入研究的课题。

参考文献

[1] 程晓堂.英语学科核心素养及其测评［J］.中国考试，2017（05）：7-14.

[2] 程晓堂，赵思奇.英语学科核心素养的实质内涵［J］.课程·教材·教法，2016，36（05）：79-86.

[3] 张连仲，孙大伟，武和平，等.课改背景下的英语教育，我们应该关注什么？［J］.英语学习（教师版），2015（11）：4-6.

[4] 褚宏启，崔允漷，辛涛，等.学生发展核心素养六人谈（笔谈）［J］.华东师范大学学报（教育科学版），2016，34（01）：1-13.

[5] 中华人民共和国教育部.普通高中英语课程标准（2017年版）［M］.北京：人民教育出版社，2018.

第七节　发展学生核心素养的
Famous Person / Biography主题教学设计①

浙江省三门中学课题组

一、课题研究的背景

（一）全面深化英语新课程改革的时代背景

2014年3月30日，教育部制定的《关于全面深化课程改革落实立德树人根本任务的意见》正式下发，文件对课程改革的深化发展给予高度关注并指出：教育部将组织研究提出各学段学生发展核心素养体系，明确学生应具备的适应终身发展和社会发展需要的必备品格和关键能力。依据学生发展核心素养体系，进一步明确各学段、各学科具体的育人目标和任务，完善高校和中小学课程教学有关标准。核心素养已经被置于深化课程改革、提升国民素养的关键地位，它将指引英语课程改革进入一个崭新的发展阶段，成为引领教育改革的核心理念。那么，核心素养到底是什么？为什么会被放在如此重要的位置？它究竟会起到什么作用？

由浙江省特级教师任美琴老师主持的课题《发展学生核心素养的高中英语教学设计》正是在这个背景下提出来的。该课题于2016年1月通过浙江省教育科

---

① 本文系浙江省教育科学规划课题"发展学生核心素养的高中英语教学设计研究"的子课题研究报告（课题编号：2016SC27906）。

子课题负责人：王文召；课题组成员：占记荣、郑士强、潘红；执笔人：王文召。

学规划省级课题立项。根据中国教育学会关于征求对《中国学生发展核心素养（征求意见稿）》意见的通知，课题组将英语核心素养的框架定为九个方面，即社会责任、国家认同、国际理解、人文底蕴、科学精神、审美情趣、学会学习、身心健康和实践创新。这九个维度既契合新时代背景下的育人要求，又符合英语学科发展学生核心素养的最高追求。

（二）英语学科聚焦"社会责任"核心素养的培养和发展

立德树人是本轮新课程改革的核心理念，学生社会责任的培养和发展则是我们英语学科核心素养培养要重点关注的。现行人教版高中英语教材中涉及人物话题的课文有很多，人物话题涉及的核心素养也较多，社会责任是重要的核心素养之一。这些文本是培养学生社会责任的最佳载体。但是传统的英语课堂教学对社会责任这一核心素养重视不够。长期以来，部分教师为了追求学科高分和升学率，英语教学停留在升学应试层面。由于传统的语法翻译影响及现实的种种客观因素，传统的英语教学总是针对语言结构和语言能力的获得而开展，社会责任往往被忽视。

因此，在当前新课程改革的形势下，结合学科教学特点和学生的实际，课题组认为，"发展学生核心素养的人物主题板块教学设计"这一课题研究具有现实意义和时代意义。本课题是任美琴老师主持的2016年度浙江省教育科学规划课题下的一个子课题。课题聚焦有关社会责任的单元话题，以教材为载体，对单元话题进行了设计和整合，使学生了解伟人的优秀品质和成功因素，赏析描写人物的语言，获取相关的文化知识，培养科学素养，形成正确的价值观和自信、自尊、自强的品格，更重要的是培养学生强烈的社会责任感。

二、研究的目标和内容

（一）研究目标

本课题通过对优秀人物话题所传递的社会责任核心素养进行分层分解，整合人教版必修、选修课程和课外补充阅读课程，提出"分析—设计—评价—反馈修正"的基本教学设计模式，形成优秀的教学课例。

（二）研究内容

1. 基于核心素养的单元教学设计模式的研究

（1）基于核心素养的单元教学设计要素研究。基于教学设计的一般模式，核心素养的单元教学设计基本模式包含分析、设计、评价、修正四个要素（见表4-7-1）。

表4-7-1　基于核心素养的单元教学设计要素

阶段	要素	细分	具体措施	实施意义
1	分析	学生需求分析	把握学生的心理特征、学习风格、已有认知和技能，确定学生的最近发展区	为教学内容的选择和组织、学习目标的设立等提供依据
		学习内容分析	整合、增删、选择并确定学习资源，解读文本，厘清人物线索，确定学习重难点	学习资源可以确定学习内容的语义、语境和语用，并建立在学生学习需求上
2	设计	学习目标的设计	师生合作确定学习目标，尤其要关注情感、态度与价值观目标。用可观察、可测定的行为术语准确地表达出来	不仅仅关注语言层面的知识目标，也关注情感、态度与价值观目标。它是所有学习活动的风向标
3	评价	多元过程性评价	教学评价包括诊断性评价、形成性评价、总结性评价三部分，采用描述性评价、等级评价或评分等评价记录方式，利用评价任务单实施	学习成效的评价标准是开展教学评价的前提
4	修正	教学设计反馈修正	对预设的教学（学习）设计进行反馈、调整、修改	反馈修正可以确保教学设计的实施和学习目标的达成

（2）基于核心素养的单元教学读后任务活动研究。为了使学生能真正发现伟人的优秀品质，学习其不畏艰难、探索求真的科学精神，必须使学生经历体验、探究、自主学习的过程。因此，语言读后任务活动的设计显得尤为重要。

读后任务活动的设计内容包括角色扮演（role-play）、人物采访（interview）、讨论（discussion）、辩论（debate）、写读后感（post-writing）等。

（3）基于核心素养的单元教学课堂活动组织基本策略研究见表4-7-2。

表4-7-2　基于核心素养的单元教学课堂活动组织基本策略

基本策略	主要目标	具体策略
时间管理策略	提高单位时间的利用效率	合理分配单元教学时间和教学课时，提高时间利用的有效性，保持课堂活动安排的流畅性，提高学生参与课堂教学活动的积极性，等等
自主学习策略	确保自主学习阶段的学习效率	自主学习、自我监控、自我评价、自我反馈、自我修正等
任务教学策略	确保教学活动的顺利实施	小组合作，探究式、体验式活动的实施

（4）基于英语学科核心素养的人物主题板块教学目标一般模式的研究。任何优秀的教学设计都离不开正确教学目标的设立，基于人物主题板块社会责任和英语学科核心素养，课题组对人物主题板块的教学目标进行研究并基于英语学科核心素养进行了分级分层（见表4-7-3）。

表4-7-3　人物主题板块教学目标分级分层

英语学科核心素养（目标）	二级目标	三级目标	四级目标
语言能力	认知并掌握单元话题语言知识（输入）	认知掌握具体任务板块涉及的词汇	……
		认知掌握该人物板块话题相关词汇	……
		掌握该单元涉及的语法项目	……
	理解文本具体信息（内化）	获取文本具体信息	了解单元人物相关信息及作者对于该人物的评价
	解释并重组文本信息（内化）	解释、归纳、概括文本内容	阐释标题意义；概括文本和段落主旨大意；重组文本信息，概括文本内容；把握文脉，厘清上下文逻辑关系

续 表

英语学科 核心素养 （目标）	二级目标	三级目标	四级目标
语言能力	欣赏并积累 文本语言 （内化）	欣赏并模仿文本	……
	交流并迁移 （输出）	口头、笔头复述所学 知识	围绕教育、性格、职业、梦想、贡献、成就、影响等，用自己的语言介绍该单元人物
文化品格	分析并总结每个人物主题板块涉及核心素养培养的具体目标，如坚强的意志、自信心、事业心、社会责任感、无私奉献、淡泊名利、脚踏实地、乐观精神、战胜困难的决心以及激励他人、不畏艰难、勇于担当社会责任、挑战权威、追求真理、坚持不懈的精神。通过对话题中人物品格的学习，树立世界眼光，增强国家认同感和家国情怀，学会做人做事，成长为有文化修养和社会责任感的人		
思维品质	分析 归纳信息	分类、概括信息；分析、推断信息的逻辑关系；分析归纳语言及语篇特点，辨析语言形式和语篇结构	
	分析 评价信息	分析和评价语篇所持的观点、态度、情感和意图，正确评价各种思想观点，理性表达自己的观点，具备初步用英语进行多元思维思考的能力	
学习能力	自主学习	了解人物介绍基本步骤，了解与人物主题板块话题相关的知识	
		预习课文生词、结构等知识	预习词汇，记忆词汇的音、形、义；查阅词典，初步学会运用词汇；有感情地朗读课文，自学课文内容，提出问题
	反思 调控学习	对照目标，反思单元学习得失；总结单元学习，评价学习结果，调整学习策略	

（5）基于英语学科核心素养的人物主题板块教学设计。以人教版必修四 Unit 2 "Working the Land Reading：A Pioneer for All People" 为例，设计了教学目标与教学设计（见表4-7-4）。

表4-7-4　必修4Unit 2教学目标

一级	二级	三级	四级
语言能力	认知并掌握单元话题语言知识（输入）	认知并掌握人物介绍（袁隆平）的词汇	His looks: a sunburnt face and arms; a slim, strong body His hobbies: listening to violin music, playing mah-jong, swimming and reading His life attitude: be satisfied with his life, not care about being famous or rich The writer's comments: the first agricultural pioneer to grow hybrid rice, a person who loves and cares for his people
		认知并掌握农业话题相关词汇	work the land, struggle, super hybrid rice, high output, produce, increase rice harvests, expand, circulate the knowledge, rid the world of hunger, equip, grain, feed more people, export
		掌握动词的-ing形式做主语和宾语	1. 做主语 Since then, finding ways to grow more rice has been his life goal. Spending money on himself or leading a comfortable life also means very little to him. Just dreaming for things, however, costs nothing. 2. 做宾语 He enjoys listening to violin music, playing mah-jong, swimming and reading. He awoke from his dream with the hope of producing a kind of rice that could feed more people
	理解文本具体信息（内化）	获取文本具体信息	了解袁隆平的外貌特点和成就、个人简介、性格爱好和梦想，理解文本作者对他的评价
	解释并重组文本信息（内化）	解释、归纳、概括文本内容	阐释标题意义；概括文本和段落主旨大意；重组文本信息，概括文本内容；把握文脉，厘清上下文逻辑关系
	积累并欣赏文本语言（内化）	欣赏并模仿文本	文本所使用的修辞手法： （1）"Indeed, his sunburnt face and arms and his slim, strong body are just like those of millions of Chinese farmers, for whom he has struggled for the past five decades." 作者用了三个头韵形容词sunburnt, slim, strong, 生动描述了袁隆平消瘦而结实的身材、高大而朴实的形象

续　表

一级	二级	三级	四级
语言能力	积累并欣赏文本语言（内化）	欣赏并模仿文本	（2）"Yuan Longping had a dream about rice plants as tall as sorghum. Each ear of rice was as big as an ear of corn and each grain of rice was as huge as a peanut." 作者用了三个排比把袁隆平的梦想像一幅画一样直观地展现在读者的面前，同时借助排比的气势让袁隆平的梦想深深打动读者的内心。 （3）"Just dreaming for things, however, costs nothing… One dream is not always enough, especially for a person who loves and cares for his people." 学生在体验所学内容的语言美和意蕴美的同时，体会袁隆平对事业的热爱和对梦想的追求，反观自己，得到激励和鞭策
	交流并迁移（输出）	口头、笔头表达复述所学知识	用自己的语言介绍袁隆平的外表和成就、个人简介、性格爱好和梦想，并对他进行评价
文化品格	（1）学习袁隆平不分国界、无私奉献的精神，培养世界眼光。 （2）学习袁隆平的科研精神，学习他不计名利、踏踏实实的生活态度，形成正确的价值观		
思维品质	分析归纳信息	分类、概括信息；分析、推断信息的逻辑关系；分析归纳语言及语篇特点，辨析语言形式和语篇结构	
	分析评价信息	分析和评价语篇所承载的观点、态度、情感和意图，正确评判各种思想观点，理性表达自己的观点，具备初步用英语进行多元思维的能力	
学习能力	自主学习	了解人物介绍的基本步骤，了解与农业话题相关的知识	
		预习课文生词、结构等知识	预习词汇，记忆词汇的音、形、义；查阅词典，初步学会词汇运用；有感情地朗读课文，自学课文内容，提出问题
	反思调控学习	对照目标，反思单元学习得失；总结单元学习，评价学习结果，调控学习策略	

（6）教学重难点

① 帮助学生掌握单元话题词汇、修辞手法及人物介绍步骤；

② 引导学生归纳文本信息；

③ 帮助学生分析和评价语篇所承载的观点、态度、情感和意图，学会准确表达自己观点。教学活动过程见表4-7-5。

表4-7-5 教学活动过程

教学步骤安排	学生/教师活动安排	设计说明
Pre-activities：	课前下发单元预习导学案	学生根据自身的学习情况，有针对性地进行自主学习。能够加大课堂容量，提高课堂学习效率
Step 1: Lead-in "Play an audio from 'People who Moved China 2014'..."一介农夫，撒播智慧，收获富足。他毕生的梦想就是让所有的人远离饥饿。喜看稻菽千重浪，_____	Ss listen to the audio and their motivation to learn are aroused.	提高在文化情境中理解、表达与解释的能力；激发学生的好奇心
Step 2: Read the title and the picture, predict the text. A Pioneer for All People — Who (Dr. Yuan) — Who (people around the world) — What (education/attitude) — How (circulate knowledge) — What (achievement) — What (person) a pioneer	Ss are encouraged to predict what the text is about according to the title and the picture as well as the audio from Step 1.	通过教师引导，学生在头脑中形成对人物传记类语篇的图式，利用标题自上而下地梳理篇章内容和结构，并为读后环节对篇章人物进行分析和评价等有效的语言输出做好准备
Step 3: Read for general information.	Ss read the passage to check the previous prediction.	梳理文本和解读，提取文本信息
Step 4: Read and summarize the main idea of each paragraph Para.1: Dr. Yuan's appearance and achievement Para.2: Dr. Yuan's biography Para.3: Dr. Yuan's personality Para.4: Dr. Yuan's dreams	Ss are facilitated to summarize the main idea of each paragraph in their own words.	识别各种信息之间的主次关系，根据所获得的多种信息，归纳共同要素，建构概念
Step 5: Read for details and language	Ss get the hang of the detailed description of a person, enjoy and learn the language	引导学生了解分析不同句子结构和不同句子排列是如何传递不同信息的，从语用角度了解遣词造句知识

续 表

教学步骤安排	学生/教师活动安排	设计说明
Step 6: Thinking 1. What does "Wishing for things, however, costs nothing" mean? 2. In your opinion, what kind of person is Dr. Yuan? Can you use some words to describe him according to the text? 3. Balzac once said, "If I am not at home, I am in a café; If I am not in the café, I am on the way to it." Can you use a similar way to describe Dr. Yuan? 4. Let's come back to the title, why is he called a pioneer for all the people? Some people are considered great, because of not only his achievements, but also their personalities. Dr. Yuan not only feeds the mouths, but also warms the souls. Step 7: Homework Write an introduction of "The most famous farmer in China" (about 80 ~ 100 words)	Ss share their opinions with their classmates according to the knowledge he has learned in class. Ss learn and imitate the way to generalize a person. Ss are motivated to give their own answers, the teacher highlight the meaning beyond the title. Ss work in pairs to polish the homework together	学生针对所获取的信息,对事物做出正确的价值判断,形成自己的观点,初步具备用英语进行多元思维的能力 学生根据所获得知识,归纳共同要素,构建新的概念,并通过演绎解释新的问题 激发学生思维,渗透文化策略,引导学生体验伟人平凡而伟大之处,激发学生社会责任感 总结单元学习,评价,改进学习结果

2. 各领域相关人物主题板块学习资源的整合研究

以人教版必修教材的话题为蓝本,以其他教材为融合体,吸收网络、报纸杂志等优秀资源,进行教学资源的开发与整合(见表4-7-6)。以现行人教版教材必修一至五为蓝本,对教材中有关人物的单元话题进行教学资源的提取与整合。在教学实践的过程中,也可借鉴其他教材中有关人物主题的单元话题或借鉴丰富的网络资源。通过学习,学生不但能了解描写人物的相关语言,提高阅读能力,更重要的是能树立正确的人生观和价值观。

表4-7-6　各领域相关人物主题板块学习资源整合

资源来源	话题	主要人物	学习的主要品质
人教版必修教材	必修一 Unit 5 "Nelson Mandela—A Modern Hero"	曼德拉、诺曼·白求恩、甘地、尼尔·阿姆斯特朗	在逆境中具有坚强意志
	必修四 Unit 1 "Women of Achievement"	简·古道尔、林巧稚、宋庆龄、圣女贞德等	自信心、事业心、社会责任感
	必修四 Unit 2 "Working the Land"	袁隆平	无私奉献、淡泊名利、脚踏实地
	必修四 Unit 3 "A Taste of English Humor"	卓别林	乐观精神、战胜困难的决心、激励他人
	必修五 Unit 1 "Great Scientists"	约翰·斯诺、哥白尼	不畏艰难、敢于担当社会责任，挑战权威、追求真理
课外读物（包括英文报纸、杂志，英文小说及网络资源等）	International Scientists Alfred Nobel: A Man of Peace Marie Curie: A Twentieth-Century Woman	诺贝尔、居里夫人等	追求真理、坚持不懈

三、结论与启示

作为一线教师，笔者深切地感受到在过去的教学中，虽然我们都意识到学科教学对学生成长的重要性，但是学科育人的实然效果与应然目标还存在一定的差距：我们的学生虽然能够比较娴熟地解决学科的问题，但在做人、做事方面并没有完全体现科学精神。

（一）研究结论

通过一年左右的教学研究和实践，基于核心素养的课堂教学给笔者和课题组教师带来了一些收获：基于核心素养的导向，教师在设计教学目标和教学活动时，有了更清晰的目标，教学设计不再盲目，不再为了设计而设计。教师在开展课堂教学时不再代替学生发言，不再代替学生思考；学生敢于用所学语言知识表达自己的观点。学生的自主学习能力有了较大的提高，学习兴趣得到激发，不再被动接受知识。学生不再是麻木学习的机器，其人文底蕴与情怀得到提升。

（二）教学启示（见表4-7-7）

表4-7-7　教学启示

从提升学生语言能力视角	教师应通过设计基于主题情境的多层次、有针对性的语言活动，引导学生参与对语篇意义和内涵的探究，参与对语篇如何使用语言表达具体意义的分析，这既涉及语篇的谋篇布局，也涉及对有效意义建构的语言细节的推敲和赏析。同时设计有针对性、情境自然的、可行的语言操练活动，激发学生的学习兴趣
从提升学生文化品格视角	教师应树立语言教学与文化学习相互促进、相互渗透的意识，引导学生通过探索、体验、比较等多种方式学习语言知识和中外文化知识，了解文化异同，树立世界意识；同时培养学生的人文素养、家国情怀，将文化知识转化为内在具有正确价值取向的认知、行为和品格
从提升学生思维品质视角	教师应通过各种问题，设计情境，鼓励学生在语言实践中，观察判断、分析总结，反思，进行批判性学习，培养多元思维思考的能力
从提升学生学习能力视角	教师应鼓励学生积极运用和主动调整英语学习策略，拓宽学习渠道，提升自主学习能力和学习效率
从教师自身视角	教师自己更应该丰富经验，增加智慧，塑造品格

（三）研究反思

这次对学生核心素养培养的贯彻和践行使笔者深刻体会到：作为高中英语一线教师，应该对本学科独特的育人价值、育人功能进行思考研究。这个思考是理念澄清的过程，也是把核心素养细化到学科素养的过程。但学生核心素养和学科素养的培养是否能落实，则取决一线学科教师的领悟与理解、实施与操作，还有课堂上学生经历与体验。同时，一线学科教师需要有清晰地指向学科素养的教学行为。中国教育学会副会长尹后庆对这一问题有过非常精准的论述：教学内容中的学科知识都是学生精神与德行发展、升华的智力基础；教学的组织形式对学生形成合作与互助的品质起到潜移默化的作用；教学过程所营造的自由民主平等的氛围，对学生形成创新精神和对真理追求的品性起到重要作用；教师在教学中严谨的治学态度和敬业精神，以及教师在学校生活中体现的人生准则和处世规范，可以成为学生的示范和榜样。

（四）课题展望

基于核心素养的课堂教学应该成为常态课教学模式，理应成为课堂教学的DNA。但是，由于本课题组只是初次践行核心素养指导下的课堂教学，对核心素养的理论学习还有待加强。学生怎样才能从这些中外优秀人物的事迹中提炼出优秀的品格，并渗透在品格培养之中？在核心素养理论与实践的研究中找到更多的突破口，形成一套比较成熟的教学模式，这条路还很长，但是我们有信心。在后续的课堂教学实践中，我们将继续尝试人物主题板块的综合学习，不断完善研究成果。路漫漫其修远兮，吾将上下而求索。

参考文献

[1] 任美琴.指向核心素养的英语阅读教学——以"A trip on 'the True North'"的教学为例 [J].教学月刊·中学版（教学参考），2017（06）：10–14.

[2] 张成年，金毅，王燕，等.英语阅读教学中的评判性思维：阐释与评鉴 [M].杭州：浙江大学出版社，2015.

[3] 高洪德.文化品格目标：英语课程的重要发展 [J].英语学习，2017（01）：6–9.

[4] 夏谷鸣.英语学科教学与思维品质培养 [J].英语学习，2017（02）：9–13.

第八节　发展学生核心素养的 Sports主题教学设计①

浙江省玉环中学课题组

一、课题的提出

（一）"核心素养"提出的背景与意义

结合教育部颁布的《普通高中英语课程标准（试行）》，英语学科核心素养应分为四个方面，即语言能力、思维品格、文化意识和学习能力。

本课题研究旨在指导学生通过英语学习发展强身健体意识、运动能力与习惯、体育情感与品格、健康知识与行为。运动能力与习惯是指学生能够运用所学的运动知识、技能和方法，参与组织展示和比赛活动，具有分析问题和解决问题的能力；能够独立制订和实施体能锻炼计划，并对训练效果做出合理评价；了解国内外重大体育赛事和重大体育事件，具备运动欣赏能力。体育情感与品格是指在体育运动中遵循行为规范的价值追求。学生在体育与健康学习中应具有积极进取、挑战自我的精神；能够正确对待比赛的结果；胜任运动角色，表现出负责任的态度；遵守规则，尊重他人，具有公平竞争的意识。健康知识与行为是指增进身心健康和积极适应外部环境的综合表现。高中英语课堂教学中对体育学科的核心素养进行吸纳，主要基于两个素养：体育情感与品

---

① 本文系浙江省教育科学规划课题"发展学生核心素养的高中英语教学设计研究"的子课题研究报告（课题编号：2016SC27907）。

子课题负责人、执笔人：邵长国。

格、健康知识与行为。

1. 传统教学预习任务布置不合理

教师在运动主题板块教学中对学生的预习引导，仍存在许多不足和误区，主要表现在以下几个方面。

（1）预习目标不明确；

（2）预习内容单调；

（3）预习形式缺少灵活变动；

（4）预习缺少方法指导。

教师在布置预习作业时没有设定预习的目标，没有明确预习的内容，而且对于学生的预习没有进行必要的指导。这样的预习任务布置是没有方向的，也是无效的。

2. 传统课堂教学不合理

忽视学习主体很可能导致教学效率低。以课堂教学为例，我们经常看到教师花费大量的精力准备材料，组织教学活动，学生也积极参与了课堂教学活动，但是只有较低的教学效率。以下几点能说明这个现象。

（1）将教学等同于教教材；

（2）一言堂，满堂灌；

（3）低效提问，松散课堂；

（4）任务海量化，小组形式化。

教师在课堂教学中的提问常为闭合式的"是/否"类问题，对于学生思维的培养毫无帮助，且提问得到"yes or no"答案后便停止，即使有追问，也是无须思考的课本原句。这导致提问低效，课堂松散。无讨论与思考环节设置，对于问题，教师直接给出所谓的"标准答案"，这便是忽略了学生学习主体的"一言堂"讲授模式。

3. 传统教学中学生自我评价设计不合理

传统的教学评价环节也设置了学生自评环节，但评价项目大多偏向文本主题、文章大意、语法结构、语言表达等语言知识，较少甚至没有关注学生核心素养的发展——能力的培养、协作精神的培养、情感态度及价值观的引导。

二、研究思路与框架

（一）研究对象

"要培养学生能够带得走的能力，而不是给孩子背不动的书包。"核心素养就是一种"孩子能带得走"的能力，是一种一旦形成便终身受用的能力。本课题以课题组成员所任教学校学生，即浙江省玉环市玉环中学高一（3）（5）（10）（12）班等横向成绩较均衡班级的学生作为研究对象，严格按照课题研究步骤开展研究。

（二）研究方案和实施

本课题运用文献研究法、调查研究法、经验总结法等，探究将核心素养分解成基本问题的策略，探索将基本问题转化成具体教与学活动的方法，探索能够引出学生核心素养表现评价任务的设计方法。

核心素养框架：高中英语涉及的核心素养（基于教材话题的分析）—基于核心素养的单元整合—核心素养层级结构及单元目标确定—指向核心素养的教与学活动设计—指向核心素养的评价设计（见图4-8-1）。

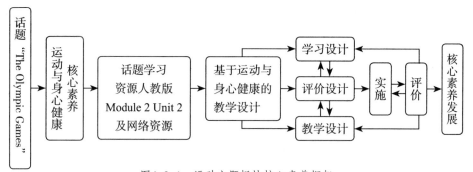

图4-8-1 运动主题板块核心素养框架

课题组试图就近两年核心素养在高中英语课堂中的应用做进一步的研究。例如：通过导学案的具体设计，了解学生获取知识的渠道；通过课堂教学设计，把握课堂内的互动式教学；进行形成性测试考查、有效性的评估；等等。

三、研究的内容

（一）运动主题板块的资源整合

作为一门通用学科，英语在培养学生学习策略、学习习惯、包容和理解文化的心态、思维与精神提升方面能与其他学科进行交叉整合。我国关于体育学科核心素养的研究还处于起步阶段，只是提出了体育学科核心素养的总目标是运动能力、健康行为和体育品德的具备与形成，但对每个年级的学生应该具备什么水平的运动能力，有什么水平的健康行为和体育品德学习的深度与评价没有具体的研究成果。经文献检索发现，国外研究也只是给予核心素养一个总体的概括，对体育学科素养具体培养目标和评价等问题也没有一个基本的回答。发展学生的体育核心素养离不开课程的支撑。从前面的分析可以发现，学生现在核心素养相对不足的原因是：育人目标过于泛化，没有针对性；内容随意，只注重安全；方法简单粗糙，没有着眼学生发展；评价混乱，与目标没有形成对接；等等。这些问题恰恰是课程体系构建的要素，也是我们要运用的策略。因为脱离这些，学校将无法达成培养学生核心素养的目标。策略是好的，只不过在运用中没有找到实际操作的途径。当我们厘清体育核心素养的具体分段目标，找到支撑的合适内容，提出合理的教学建议，形成可操作的评价模式，积极培养体育教师，使其能胜任这些工作之时，就会让悬着的理论落地，让理论性的构建转化为操作性的实践（见表4-8-1）。

表4-8-1　学生体育学科核心素养指标体系

一级指标	二级指标	具体表现
体育情感与品格	体育情感	喜欢体育、热爱体育等
	体育品格	能坚持、守规矩、善合作等
运动能力与习惯	运动能力	基本运动能力：走、跑、跳、投等
		专项运动能力：锻炼能力、竞赛能力等
	运动习惯	每天运动一小时、早晚锻炼等
健康知识与行为	健康知识	科学健身、运动伤病预防、安全防范知识等
	健康行为	雾霾天在室内运动、运动前做充分准备活动等

（二）运动主题板块的目标分解

以课题组对人教版英语必修二Unit 2 "The Olympic Games" 的设计为例。首先，根据主题材料和学情进行素养层级分解，确定学习目标（见表4-8-2）；其次，围绕目标，设计主题学习任务。

表4-8-2　必修二Unit 2目标层级分解

一级	二级	三级	四级
运动与身心健康	语言能力	语言知识	运动单元词汇	ancient, compete, competitor, take part in, medal, stand for, mascot, Greece, Greek, volunteer, homeland, regular, basis, athlete, admit, gymnastics, athletics, stadium, gymnasium（gym）, host, responsibility, olive wreath, motto, swift, physical, striker
		理解文本具体信息（内化）	获取文本中与运动相关的具体信息	了解文本所涉及的奥运会特点，包括奥运赛制、项目、历史由来、参赛要求、限制等；利用报纸、杂志、书籍、网络等，了解历届奥运会的相关信息
		交流并迁移（输出）	通过学习能够在口头、笔头上就运动话题表达观点	介绍自己喜爱的运动，说明理由，并在说的基础上根据所给的提示，让学生使用适当的连词写成短文
	思维品质	多元思维	逻辑性思维	运用判断、推理等形式对文本信息进行解读，归纳总结语篇观点，如文本所提的古代、现代奥运会的共同点是什么
			创新性思维	在打破陈旧的思维模式的基础上，进行新的思考，并得出富有创造性的问题，如为什么古代奥运会只有希腊人能参加
			批判性思维	对运动中的平等性进行批判性思考，如为什么古代不允许妇女与奴隶参加奥运会
	文化品格	文化差异	比较古代、现代奥运会之间的差异	古代、现代奥运会在比赛项目、奖励、场馆等方面存在差异。思考差异存在的原因
		尊重差异	比较国内外对奥运金牌的理解	在以金牌论英雄的大背景下，公平参与、公平竞争精神的体现与宣扬

续　表

一级	二级	三级	四级
运动与身心健康	学习能力	自主学习能力	主动完成预习任务，积极参与课堂学习，高质量完成课后作业与复习任务
		调控能力	积极调适自己的不良情绪，保持持久的学习兴趣和热情；有效监控和管理学习过程
		合作能力	积极参与小组合作活动，乐于分享自己的学习成果，认真倾听同伴的观点和看法，培养良好的沟通能力
		探究能力	引导学生积极探索，鼓励学生大胆猜想、质疑
		资源整合能力	借助现代信息技术，迅速筛选和获取有关国内外传统文化的信息，准确地鉴别提取信息，创造性地加工和处理这些信息

契合核心素养发展的运动主题板块的预习作业布置。

（1）基本原则。课前预习要求教师在备课的基础上编制预习学案，指导学生课前预习与巩固。对学生的预习情况进行有效检查与诊断，了解学情，为课堂上学生高效学习，教师精讲点拨做准备。课前延伸的预习学案编写要遵循基础性、适度性、适量性原则。

（2）实施的策略及方法。指导学生预习，使学生逐步学会课前预习并在预习过程中发现问题，学会独立思考。运用评价作用，激发学生预习的兴趣，把握好学生课前预习的度。

掌握好预习的度，还应该注意以下几点：①当学生还不会预习的时候，最好在课内用3～5分钟时间指导学生掌握预习的要领，然后逐步将预习放到课外。②预习题的数量要考虑学生实际，由小到大，由少到多。也可分层要求，如有基础题目、提升题目等。③预习的范围应包括：复习相关旧知，了解新课基本大意和内容，找出疑难和重点，明确学习目标。以必修二Unit 2为例，设计预习任务，其中教师用T表示，学生用Ss表示。

必修二Unit 2的预习任务设计

T: What is the passage mainly about?

Ss: It's an interview between Pausanias and Li Yan.

T: You need to find more about the interview, the questions asked and the answers, the relevant phrases in the passage, and comprehend and paraphrase some sentences. You can also raise your own questions in the learning sheet.

Module 2 Unit 2 "The Olympic Games"

An interview

1. What is the main idea of this passage?

_____

_____

2. Find out the answers to the questions.

① _____

② _____

③ _____

④ _____

⑤ _____

3. Underline the equivalent phrases in the passage.

① 参加古代奥运会　　　　② 进行一次魔幻旅行

③ 现代奥运会　　　　　　④ 每四年一次

⑤ 定期举行　　　　　　　⑥ 达到统一的标准

⑦ 被接纳为运动员　　　　⑧ 彼此竞争

⑨ 也；又；还　　　　　　⑩ 为奖金而竞赛

⑪ 奥运会志愿者　　　　　⑫ 建造奥运村

4. Comprehend and paraphrase the following sentences.

① I've come to your time to find out about the present-day Olympic Games because I know that in 2004 they were held in my homeland.

② Women are not only allowed, but play a very important role in gymnastics, athletics, team sports and...

③ There's as much competition among countries to host the Olympics as to win Olympic medals.

5. Answer the following questions and try to raise your own questions.

① What amazes Pausanias about the Olympic Games?

② Why does he think Athens and Beijing should feel proud?

③ Why does he think people may be competing for money in the modern Olympic Games?

④ Why do many countries want to host the Olympic Games while others do not?

⑤ _____

⑥ _____

⑦ _____

⑧ _____

以上案例反映该教师课前预习作业布置的量适中，指令清晰，问题设置由浅及深，引导学生在扫清词汇障碍的前提下理解文章大意，找出重点，明确学习目标，对问题进行思考并提出自己的问题，预习有效。

（三）运动主题板块的教学设计

围绕分解后的教学目标，教学科组设计了几个教学步骤、几项教学活动（见表4-8-3）。

表4-8-3　必修二Unit 2学习活动设计

人与社会运动主题板块	Teaching material: "The Olympic Games"	Other resources: see appendix
学习目标（Objectives）：After this unit, students will be able to...		
教学媒体：多媒体课件制作		
学习活动设计		设计说明
导入： 活动一：介绍你所知的奥运会		由2016里约奥运会宣传视频开启话题，通过提问及课堂测验检查学生是否充分利用学习资源对奥运会知识做了了解及课前准备

学习活动设计	设计说明
活动二：预习反馈 文本解读 活动三：标题解读 What will be talked about in the passage — An Interview. 活动四：细节查找 How often are the present-day Olympic Games held? What are the Winter Olympic Games? Who can be admitted as athletes? Where are all the athletes housed? Does anyone want to host the Olympic Games? What will the winners be awarded? What's the present-day Olympic motto?	引导学生进行文本梳理和解读，提取文本信息。猜测是培养学生阅读能力的方法之一，可让学生对奥运会的各个方面进行预测；梳理Pausanias的提问和Li Yan的回答，找出古代奥运会与现代奥运会各自的特点，并完成11页图示的填写。培养学生阅读梳理及信息查找能力
活动五：分析、概括和重组，概括提取 What are the differences and similarities between the Ancient Olympics and the Modern Olympics?	学生小组协作并整合出古代和现代奥运会的异同点（学生不仅可以从课文中找出不同点，而且可以结合自己的课前准备及原有储备进行扩展，形成一种课堂生成的资源）。培养学生小组合作及整合能力
活动六：评价、创新、输出运用 What do you think of the sentence "In the Ancient Olympics, only men from Greek cities could join in the games. No other countries could join in, nor could slaves or women"?	针对古代、现代奥运会参赛要求的不同，学生在讨论时会给出不同的答案，从而发散思维。教师适时引导，帮助学生培养思维能力及国际视野

Appendix：
（1）VOA Special English（文章）："International Olympic Day"
（2）BBC NEWS（音频）："What Should be an Olympic Sport?"
（3）Sohu Video Clip（视频）："2016 Rio Olympic Games"

（四）契合核心素养发展的运动主题板块形成性评价

现行的测试方式多以终结性测试为主，以一个最终的分数来核定学生的学习成绩，这种单一的测试方式不利于考查学生在学习过程中的情感、策略等多方面因素。与终结性测试形式不同，形成性评价是在某个知识单元的教学结束之后，以该单元的知识要素为基础，对学生在认知目标上达到的程度进行一系列测试，并通过一套系统的反馈–巩固程序，把师生注意力集中到预期教学目标应该包括的特定知识上，最终使大多数学生达到预期教学目标。

1. 基本原则

（1）系统规划测试；

（2）兼顾个体与群体；

（3）采用多元评估途径；

（4）应用发散性（divergent）测试形式；

（5）提供有价值的信息反馈。

2. 实施的策略及方法

评价的目的不同，所采取的形式也不同。形成性评价主要目的是通过及时而详细的信息反馈促进学生的学习，评价的形式也要围绕这个目的进行。

（1）教师提供足够数量的考查任务以获取学生对学习内容掌握的信息；

（2）学生的自我评价是常用的形式；

（3）同学间互评（peer-assessment）是形成性测试的有机组成部分。

表4-8-4　必修二Unit 2学生英语学习自测表

评价项目	评价内容	学生自评	小组互评
单元主题	I _____ in the topic of this unit _____ the Olympic Games	A. have become more interested; and want to know more about B. have always been interested; and now know more about C. am not very interested; but I now have some basic knowledge about	
阅读理解能力	I _____ the similarities and differences between the ancient and modern Olympic Games	A. can make an oral presentation about B. can list some of C. only know a few of	
功能意念项目掌握水平	I _____ to talk about my interests and hobbies	A. know how B. can use some of the expressions in this unit C. still find it hard	
语法掌握水平	I _____ the future passive voice	A. have grasped how to use B. have some difficulties in using C. don't know how to use	

续 表

评价项目	评价内容	学生自评	小组互评
词汇掌握水平	I can _____ the words and expressions in this unit	A. correctly use B. correctly use some of C. correctly use a few of	
口语表达能力	I _____ discussing hobbies and making a training plan for a competition; I _____ make myself understood	A. enjoy; can B. like; can't always C. don't like; can hardly	
综合语言运用能力	I _____ the tasks and activities in this unit	A. have successfully completed most of B. have difficulty in completing some of C. was unable to complete most of	
合作意识与参与意识	I found it _____ to complete the task with my partners, and we _____ our cooperation	A. enjoyable; benefited a lot from B. a bit difficult; need to improve C. rather hard; don't want to continue	

以上案例反映该教师指导学生在单元教学结束时，按单元知识及技能对自己进行评价。评价的过程中，学生可以就所学的重点知识进行回顾、查漏补缺，并及时反馈给教师。教师可以根据评价表的反馈及时调整教学，在接下来的巩固学习环节进行弥补。

四、研究的成效与反思

1. "注重核心素养发展的研究"对教学的影响力

笔者参与编写了《新课标高中英语读后续写与概要写作指导》（浙江教育出版社），主持并撰写了市规划课题《补偿矫正模式在高中英语教学中的应用研究》（结题），同时撰写了与课题相关的教学设计、作业设计案例、论文、教学反思。教学设计如《从发展学生核心素养角度设计教学思路——Book 2 Unit 2 *The Olympic Games*教学设计》，作业设计案例如《高中英语前置性补偿作业设计》，论文如《高中英语课堂教学有效性的评价》（并做了同名讲座）和《浅谈第一眼阅读策略在高中英语阅读教学中的应用》（获台州市三等奖），教学反思如《忽视学习主体的教学能走多远——漫谈学生核心素养发展》和《让教育更有价值，让学习更有意义——读〈布卢姆教育目标分类学〉〈学习论〉有感》。

2."注重核心素养发展的研究"对教学的启示与反思

语言教学中研究并应用发展核心素养是一个复杂的过程。课堂上仅进行说教式引导的力度是远远不够的，课前的前置性补偿与课中和课后的形成性检测及巩固更为重要。所以，为有效巩固，机械性训练及课后巩固对于口头、笔头输出都是相当重要的。在教学与研究过程中，课题组对其在高中英语课堂中的应用仍有如下3个问题。

（1）课前前置性补偿环节中涉及对学生已学知识的回顾、帮助学生做学习新知的准备等，带有明显的新课学习特征。那么对于同一单元或章节的第二、三课时等后续课时及以后的练习该如何操作？

（2）核心素养发展中对于思维的培养、文化意识的提升带有明显的生成性，在同一课堂中，施力重点在哪，用时又该如何分配？

（3）"核心素养发展的研究"的出发点是教学、学习的高效性，那么如何对它的有效性进行评价，对其成果进行推广？

对于核心素养发展研究成果的推广应该分为三个步骤：高一英语备课组试点，初步实践；充分研讨，推广至整个英语教研组，进而由点带面，借助教学处推广至校内其他学科；借力县、市教研员修正完善模式，总结提高。为使这一模式更好地推广，学校应先从学案导学入手，规范学案的编写要求，确保学案的编写质量，并注重教后、课后反思。值得注意的是，全校范围内的听课、说课、评课等形式也是模式推广的催化剂及有力保证。

📑 参考文献

［1］中华人民共和国教育部.普通高中英语课程标准（2017年版）［M］.北京：人民教育出版社，2018.

［2］任美琴.中学英语有效教学的一种实践模型［M］.宁波：宁波出版社，2012.

［3］AUTHUR HUGHES.外语教师测试手册［M］.北京：外语教学与研究出版社，2000.

［4］人民教育出版社课程教材研究所英语课程教材研究开发中心.普通高中课程标准实验教科书英语2必修教师教学用书［M］.北京：人民教育出版社，2016.

第九节　发展学生核心素养的
Interpersonal Relations主题教学设计[①]

温岭市第二中学英语课题组

一、课题的提出

（一）背景

《普通高中英语课程标准（2017年版）》（下简称《新课标》）规定英语学科的核心素养包括语言能力、思维品质、文化品格和学习能力四个维度。语言能力就是用语言运用的能力，涉及语言知识、语言意识和语感、语言技能、交际策略等；思维品质是思考辨析能力，包括分析、推理、判断、理性表达，用英语进行多元思维、思考等；文化意识重点在于理解各国文化内涵，能比较异同、汲取精华、尊重差异等；学习能力主要包括认知策略、交际策略和情感策略。理解英语核心素养的内涵是进行课堂教学设计的首要条件。

（二）现状

当前，对以发展学生英语核心素养的教学设计这方面的研究依然较少，认识也比较片面。要想把发展学生核心素养作为课程目标并发挥目标的功能，需要在教育目的与学习结果之间设置一定的层级，并对每一层级的目标做出可理

---

① 本文系浙江省教育科学规划课题"发展学生核心素养的高中英语教学设计"的子课题研究报告（课题编号：2016SC27908）。

子课题负责人：莫晓燕；课题组成员：潘丽蓉、赵敏；执笔人：莫晓燕。

解、可传播、可实施、可评价的论述。当前的英语课堂目标设计中对英语核心素养的体现，见表4-9-1。

表4-9-1 英语核心素养在课堂中的缺位

序号	问题
1	知识的讲解比较松散，对能力的培养较少
2	文化品格渗透流于形式
3	思维品质集中在记忆上，缺乏高阶思维能力的培养
4	只注重知识学习，拓展创新能力被忽略
5	英语核心素养目标设计对课程效果的决定性影响还没有引起教师的足够重视

（三）文献综述

关于英语核心素养，国内的研究主要集中在核心素养的内涵、重要性与素质教育的关系上。学习外语并不仅限于与人用外语交流，也是另一种认知的思维方式，涉及心智发展并可能对学生品格产生影响。教授语言与发展学生品格同等重要，教师应明确英语教育也是素质教育。史宁中教授强调："基于核心素养的教学要把握知识本质、创设教学情境。"《新课标》指出：以英语学科核心素养为目标的教学过程是学生在主题意义引领下，在分析问题和解决问题的过程中，基于已知，依托语篇，通过一系列体现关联性、实践性、综合性等特点的英语学习活动，将语言知识学习、语言技能发展、文化内涵理解、多元思维发展、价值取向判断、学习策略运用等有机地整合在一起，使学生学科核心素养的发展过程既是语言知识与语言技能整合发展的过程，也是思维品质不断提升、文化理解不断加深、优秀文化品格不断形成的过程。《新课标》倡导英语课堂教学要以主题语境统揽教学内容和教学活动，并指向基于核心素养的教学目标。《新课标》把主题语境内容分为三大块，而人际关系是三大主题语境之一"人与社会"中的内容要求，包含良好的人际关系与社会交往、公益事业与志愿服务、跨文化沟通、包容与合作等。

二、研究目标

为了践行《新课标》理念，探索"人与社会"主题语境中良好人际关系的建立，本课题组以人教版必修一Unit 1 "Friendship"的阅读教学为例，侧重以主题单元学习为例阐明构建人际关系的主题资源套餐，培养学生维护人际关系的素养，并在教学目标中体现英语核心素养四个维度，渗透核心素养教学，促进学生语言知识学习，语言技能发展，文化内涵理解，多元思维发展和学习策略运用。同时，主题式拓展阅读"Freshman Friendship"是教材主阅读板块教学内容的延伸和内涵扩展，丰富了"Friendship"主题语境的相关知识，深化了学生对这一主题各个维度的认知与理解，有利于提升学生自身的思维能力和综合语言运用能力。

三、思路与框架

本课题组以必修一Unit 1"Friendship"这一单元主题的阅读教学为例，探索构建核心素养的层级目标；以Interpersonal Relations素养为板块，以单元主题学习为例整合人际关系主题的多模态资源，结合人际交往素养在英语核心素养四个维度中的体现，设定教学目标、导学案、教学设计、教学评价，从而把核心素养真正地落实到课堂教学中，在点滴教学中使学生逐渐形成能够适应终身发展和社会发展需要的必备品格和关键能力。具体框架见表4-9-2。

表4-9-2　必修一Unit 1"Friendship"阅读教学框架

单元主题	Friendship
主题阅读文本	Anne's Best Friend & Freshman Friendship
目标	一级目标：语言能力、思维品质、文化品格、学习能力。 二级目标：一级目标的细化（语言能力包含语言知识、交际策略、交际中的语言意识和语感、交际语言技能等；思维品质包含注重交际的多元思维能力，国际理解、国家认同；文化品格包含理解各国人际关系的文化内涵、比较异同、汲取精华、尊重差异等；学习能力包含阅读能力、交际策略和情感策略等）。 三级目标：二级目标的细化，涉及文本的具体内容
导学案	背景知识—词汇预习—文本预习
教学设计	pre-reading—while-reading—after-reading
教学评价	课堂教学评价—学生自主评价

四、研究内容

（一）主题板块的资源整合

本单元的主题是"Friendship"，所以大部分内容都是围绕这一主题展开的，着重从提高人际交往的素养来丰富和完善学生的人生观。通过阅读这篇文章，我们不仅要训练学生的学习和思维能力，还要让学生在阅读的过程中学习并欣赏英语语言的美感，感受主人公乐观自信的人生态度、纯洁美丽的心灵等品格。在本单元人际交往话题"友谊"的主题中，课题组补充了大学英语四级考试听力材料"What makes a read friendship？"和大学体验英语Module 1 Unit 8文章"Freshman Friendship"的话题（见表4-9-3）。

表4-9-3　主题学习资源群

主题板块	主题群	单元主题语境	拓展学习资源推荐
人与社会	（1）社会服务与人际沟通（2）历史、社会与文化	良好的人际关系与社会交往（人教版必修一Unit 1 "Friendship"友谊）	（1）《大学体验英语》第一册第八单元补充材料："Freshman Friendship"（2）大学英语四级音频："What makes a real friendship?"

（二）教学目标的层级分解

课堂教学目标是预期在课堂教学活动中达到的最佳结果。当前，英语核心素养的四个方面为课堂教学目标设计提供了指导思想与理论依据，教师除了要理解英语核心素养的内涵与构成，还须具备一定的教学目标分类技能，这样才能真正建立符合英语核心素养的课堂教学目标。布卢姆、安德森（Anderson）的教学目标分类认为，在认知过程领域中，思维分为六种类型，即记忆、理解、应用、分析、评价和创造，要能培养学生的高阶思维能力与创新精神。豪恩斯坦（A.Dean Hauenstein）的情感目标分类经过五个过程，从接受、反应、形成价值到信奉再到展露个性，从认识的低级到高级。

表4-9-4 必修一Unit 1 "Friendship Reading：
Anne's Best Friend" 阅读教学目标层级分解

	一级目标	二级目标	三级目标
人际关系在核心素养四个维度中的体现	语言能力	语言知识	能听懂并运用本单元学到的词汇suffer from loneliness, go through, hard times, be down, share the deepest feelings and thoughts, feel stressed 能用自己的语言复述安妮的故事
		交际策略	能用英语介绍自己最好的朋友，分享好朋友对自己的影响；阅读后学会选择合适的朋友
		交际中的语言意识和语感，交际语言技能	同桌间能用恰当的语言来交流什么样的朋友才是真朋友，能运用表示赞同和反对的句子，如 "I agree. Yes, I think so. Exactly. Good idea. I'm afraid not. I don't think so. I disagree." 等
	思维品质	注重交际的多元思维能力、国际理解、国家认同	通过分析、评判，能充分理解安妮以日记为朋友的背景、理由，充分体会不同时期交朋友方式的不同
	文化品格	理解各国人际关系的文化内涵，比较异同，汲取精华，尊重差异，身心健康	通过了解第二次世界大战的历史背景，明白安妮以日记为好朋友的原因；能够从安妮的日记中学会珍惜现在和平自由的生活和对大自然的热爱；学习安妮的乐观、自信
	学习能力	阅读能力，交际策略和情感策略	通过对安妮日记的阅读，能力得以培育，交际的价值观得以梳理

（三）主题板块教学设计案例 "Friendship Reading：Anne's Best Friend"

1. 教材分析

"Friendship Reading：Anne's Best Friend" 讲述了犹太女孩安妮为躲避纳粹的迫害而藏身于小阁楼中，并把日记当作自己的朋友，通过写日记来宣泄自己的孤独与郁闷的心情，表达自己对外面世界和大自然的渴望。学生要感受主人公乐观自信的人生态度、纯洁美丽的心灵等。

2. 学情分析

高一学生已具备一定的阅读能力，也掌握了一定的阅读技能和技巧。在阅读的过程中，他们会选择性地使用相关的阅读策略。同时，高一年级的学生也具备了自主学习能力和合作学习能力，已经初步形成了自己的思想，能够借助视频、图片等做出推测和判断，能用英语表达自己的观点和看法。

3. 教学重难点

帮助学生理解和运用所学单词、词组，引导学生理解友谊的真正含义，鼓励学生用评判性思维表达对友谊的看法。

4. 教学过程及学习活动设计（见表4-9-5、表4-9-6）

表4-9-5 必修一Unit 1 "Friendship Reading：Anne's Best Friend" 导学案

（1）Background knowledge	Aim: Students have a brief understanding of the background of Anne's best friend
（2）Target vocabulary （upset, ignore, calm, concern, loose, series, outdoors, dusk, thunder, entire, entirely, power, curtain, dusty, partner, settle, suffer, highway, recover, pack, suitcase, overcoat, teenager, exactly, disagree, grateful, dislike, tip, swap, item）	Aim: Students are required to know the spelling, pronunciation and meaning of these words and try to use them
（3）Target phrases （calm down, go through, be concerned about, set down, have trouble in, on purpose, get along well with）	Aim: Students know the meaning of these phrases and learn to use them
（4）Guide for reading ① Why did she make diary as her best friend? ② What's the major difference between Anne's diary and a common one? ③ What did Anne mainly write in her diary?	Aim: Students are advised to read the passage and get some information

表4-9-6　必修一Unit 1 "Reading：Anne's Best Friend" 学习活动设计

学习活动设计	设计说明
导入： 活动一：Lead-in （1）Who is your best friend? （2）In what way do you think he/she is your best friend? 活动二：Guessing Game Now, it's my turn to share my friend with you. Guess, who is my best friend? （1）I have a special friend. （2）When I suffer from loneliness, it can help me go through the hard times. （3）When I am down, it can share the deepest feelings and thoughts with me. （4）When I feel stressed and can not fall asleep, I can listen to it . （5）It is also a friend of many people and it is the language of the soul. Who is my friend? (music)	通过导入，直接让学生进入要学习的话题"友谊和朋友"，交际策略和情感策略得以体现。教学资源应该来自生活，与学生的生活密切相关，如此在建构中容易激发学生原有的知识体系，在课堂中能快速地切入主题。通过猜朋友的环节，交际思维得以扩展，语言知识得到渗透。学生不仅接触到本单元的重要词汇，而且了解到好朋友不仅可以是人，还可以是书本、音乐等，为进入阅读课文做好铺垫
文本解读： 活动三：分析、提取 T：Please find out who is her best friend? (diary, Kitty) Why did she make diary her best friend? What's the major difference between Anne's diary and a common one? What did Anne mainly write in her diary? | Time	Nature
before hiding	
after hiding			通过阅读，学生的阅读能力、多元交际思维、国际理解力、情感和价值观、评判性思维等素养得以发展
活动四：分析、概括和重组 T：What can you learn from her diary? According to the questions and answers we discussed just now, use no more than 80 words to describe Anne's best friend Kitty(Summary)	

续 表

学习活动设计	设计说明
活动五：分析、概括、迁移 T：（1）What makes a real friend? (pair work) （2）What does friendship mean to you? （3）Listen to the following dialogue and let's find out more information about the meanings of real friendship. (Listening material由大学英语四级考试题改编) Mr. Brooks：I consider friendship to be one of the most important things in life—whatever your status, married or single. I see many lonely people around, too. A lot of us get so involved with material values, family problems, "keeping up with the Joneses" (want to make progress or increase at the same rate as somebody or something), etc., that we forget the real meaning of friendship. Interviewer：Which is what, according to you? Mr. Brooks：They say "a friend in need is a friend indeed", which is partly true, but a real friend should also be able to share your happy moments—without feeling jealous. Of course, honesty is an essential part of any relationship. We should learn to accept our friends for what they are. ① Where does the conversation take place? ② What's the relationship between the speakers? ③ In Mr. Brooks opinion, what makes a real friend?	通过同桌互相交流和听力练习，学生人际交往思维策略得以启发，人际交往价值观得以引领。对安妮艰难的生活和现在自由自在的生活有了更好的理解，人际交往的核心素养在课堂中贯穿始终
活动六：评价、创新、输出运用 Please write a passage entitled *My best friend*. The following aspects should be included： Who is your best friend? In what way does it/he/she influence you? What do you think about your friend? (Use the new words we have learned in this class.) How can we keep our friendship?	一旦触及学生的情绪和意识领域，触及学生的精神需要，这种教学法就会变得高度有效。通过课后的反思，学生对于朋友会有更深的理解。完成课后作业对文本的深度理解，体现出学习理解、应用实践、迁移创新三类活动的有效实施
Appendix： 大学体验英语Book 1 Unit 8补充材料："Freshman Friendship" 大学英语四级音频："What Makes a Real Friendship?"	

在课外主题阅读中，我们选取了与主题紧密相关、学生感兴趣的大学英语阅读材料故事作为例子。

Freshman Friendship

Almost two years ago, I stood on a balcony, joined hands with my three most intimate friends and listened to one of them tell a story about four girls with different backgrounds and talents who left home and went to college at a mythical place called Happy Valley.

After we left our friend's apartment that last night of our freshman year, we ended up on the lawn, playing frisbee at 3 a.m. and sitting on the dormitory steps talking for hours.

Alisa, Karen, Gabrielle and I had spent that day together just being freshmen — going to the sandwich shop for the last lunch of the semester, trying on each other's clothes, watching movies and acting like we would never see each other again.

Three Months is a Long Time

For freshmen, and especially for us, saying goodbye at the end of the first year can feel like saying goodbye forever.

Three months can seem like a long time when you are leaving friends and acquaintances whom you have only known for a year. Your freshman year moments are irreplaceable.

My advice to any freshmen reading this is to cherish those moments. You may grow completely apart from the people you spent your first year with, or you may find yourself fortunately comparing them to siblings at the end of your junior year as I did.

Even if you have almost forgotten your freshman year roommates two years later, and barely recognize them when you encounter them in front of the gymnasium, you can never replace that year and the brand-new feeling that your first year of college brings.

Roommates and Majors in American Colleges

Freshman roommates are usually assigned randomly, with no attention to their majors, and may have little in common with one another either academically or personally. They may take none of the same classes, and do not have to choose their majors the first year. In future years it's very easy to change roommates, and in the junior or senior year it's quite common for students to move to off-campus apartments. So there's much less likelihood that freshman roommates will become lifelong friends.

A lot will change after your freshman year. You will meet new people and do new things. You will do a lot more growing up.

At the beginning of our senior year, Karen took her hometown boyfriend Kevin on a tour of campus and downtown. "That's where we grew up," she told him, motioning toward Atherton Hall, where the four of us spent our first two years at Penn State.

We learned more outside the classroom than we learned inside it. That dorm is where we learned and discussed the lessons of our freshman and sophomore years. I think the principal lesson I learned was the definition of true friendship. And I have never had nor will ever have better teachers than Alisa, Karen and Gabrielle.

American and Chinese Friendships

Americans are very adapt at making new friends, while Chinese people are very skillful at keeping their old friends. The main reason for this is that Americans experience more changes in their personal circumstances, such as changing jobs, moving to another town, or getting divorced. At any given time an American may have only a few close friends but have many casual acquaintances. Over the course of a lifetime an American will probably have more friends than a Chinese person has but a Chinese person may have more lifelong friends.

That lesson can best be summarized by something Alisa and Karen told me when I was upset at the end of last semester and needed a shoulder to cry on. They said no matter how far we drift apart or who else we become friends with after college, we will always incline to recall each other first whenever we think of college.

I couldn't agree more.

The story Alisa told on that balcony is far from over. I sometimes wonder if the following is how it will end:

"...and those four little girls grew up and realized their dreams. They found themselves all over the country, from farms, to cities, to the suburbs, doing everything they wanted to do — a computer technician, a physician, an attorney, and an architect — with the companions they wanted in husbands, children and pets.

And occasionally they would make it back to reunions at that mythical valley and see their old friends, laughing about the good times. They had succeeded in forgetting any of the bad times.

And they lived happily ever after.

（四）教学评价

评价是一个系统地、有组织地、有计划地收集和分析信息的过程，其目的是诊断学习过程中存在的问题和不足，激励和促进学生取得更加令人满意的学习成绩。需要特别指出的是，评价不同于测试。测试的目的侧重于甄别和选拔，而评价的目的是为学生调整学习策略、教师调整教学方式提供反馈。

1. 课堂教学评价

课堂教学评价是对课堂教学实施过程中出现的客体对象进行评价的活动，其评价范围包括教与学两个方面，其价值在于改善课堂教学状况。课堂教学评价旨在收集学生的学情信息，识别、了解和处理学生的错误概念与学习困难，判断学生的不足，进而帮助教师做出教学决策，其最终目的是促进学生更好地学习和发展。

2. 学生自主评价

自主评价是指学习任务完成后，学生从知识掌握的完整性和准确性方面核查语言行为所阐释的结果，核查自己对语言的掌握情况、策略的使用、完成现有学习任务的能力。具体来说，学生的自主评价包括以下方面。

输出评价：任务完成后核查自己是否完成学习任务。

语言行为评价：评判自己在任务完成过程中的表现。

能力评价：评判自己完成学习任务的能力。

策略评价：评判自己在完成学习任务中策略的使用情况。

语言掌握评价：评判自己对目标语言本身的掌握情况。

延伸活动：学生得到更多的机会来仔细揣摩所学的新概念和技能，将这些概念和技能融入自身原有的知识系统，并运用到现实语言情境中。

五、效果与讨论

英语教学必须突出核心素养。英语教师应当确立重视核心素养的教学理念，不仅要关注学生的语言知识和技能的学习，更要关注学生的人文情怀，把学生的全面发展作为教学的基本出发点。在本文所探讨的案例中，课题组分析了本单元及阅读课的教学目标，以发展学生核心素养中的人际关系为核心，结合四个维度，设计了体现语言教学人文性和工具性的阅读课。

本课题实施一年来课题组所取得的一些成果如下。

（1）结合核心素养的养成和读写能力的提升，工作室成员在任美琴老师的带领下，编写了《新课标高中英语读后续写与概要写作指导》一书，这是课题组的中期作品成果，已经由浙江教育出版社于2017年3月出版。

（2）结合核心素养的养成，工作室开设了读书报告讲座，进行了理论与实践的碰撞，让理论更好地服务于实践。本子课题负责人莫晓燕老师在讲座上发言，对《高中英语阅读教学》做了详细的阅读分析，让高中英语核心素养服务于课堂教学。

（3）结合核心素养服务课堂教学的理念，工作室开设了与此有关的公开课数次，所有的课堂都紧紧围绕核心素养的四个维度制定层级目标，开展教学。

六、结论与后续研究思考

要实现英语阅读教学中核心素养的渗透，教师应该在教学中注意以下几点。

（一）核心素养不仅仅是人文素养

英语的核心素养包含四个维度，而不仅是人文素养。英语的人文性和工具性不是对立的，也不是相互孤立、各自推进的，而是和谐统一的。我们的目标制定一定要关注这四个维度，而不是从单一的语言技能、阅读技巧直接进入人文说教。

（二）不同的阅读材料要细化特定的核心素养

核心素养是教学目标上位的东西，包含三大方面、九大领域、二十五个细化。在某个特定的单元，我们要把核心素养细化，考虑本单元的核心素养主要涉及什么，正如本单元的核心素养是人际关系在核心素养四个维度中的体现。

主题范围的设定、目标的设定、语篇的选择、活动的设计，都需要教师从学生的角度出发，使学生最大程度地投入主题探究活动。

（三）核心素养的渗透要润物细无声

教师要充分利用教学艺术，在"渗透"二字上下功夫，力求春风化雨，文道合一。苏霍姆林斯基说过："教育者的教育意图越是隐蔽，就越是能为教育的对象所接受，就越能转化成教育对象自己的内心要求。"核心素养既是课程内容的纲要，也是教学环节的主线，这条线既是教学学习的导向，更是润物细无声的过程。

总之，任何学科的教学都不仅仅是为了让学生获得学科的若干知识、技能和能力，而是要同时指向人的精神、思想情感、思维方式、生活方式和价值观的生成与提升。在今后的英语教学中，进一步坚持英语课堂与核心素养培养相结合，从全面素质教育的角度提高学生核心素养水准，是我们要努力的方向。

📑 参考文献

［1］中华人民共和国教育部.普通高中英语课程标准（2017版）［M］.北京：人民教育出版社，2018.

［2］史宁中.推进基于学科核心素养的教学改革［J］.中小学管理，2016（02）：19-21.

［3］龚亚夫.英语教育的价值与基础英语教育的改革［J］.外国语（上海外国语大学学报），2014，37（06）18-19.

［4］李宝荣.基于主题意义开展英语阅读教学的思路与策略［J］.英语学习，2018（11）：5-7.

［5］鲁子问，康淑敏.英语教学方法与策略［M］.上海：华东师范大学出版社，2008.

第十节　发展学生核心素养的
Geography & History主题教学设计①

浙江临海市回浦中学课题组

一、课题的提出

（一）缺乏对地理历史主题板块教学资源的整合

教师在教学过程中，大多按照教材的编排，逐个单元进行教学设计，而缺乏对地理和历史主题板块教学资源的整合。此外，单套教材涉及地理和历史主题的单元比较有限。人教版《普通高中课程标准实验教科书·英语》必修一到必修五中涉及地理和历史的单元只有中国、英国和加拿大。大部分教师没有补充英美国家及中国其他地理和历史相关知识来充实本板块的教学资源。

（二）缺乏根据地理历史主题板块特点对核心素养进行层级分级

教师在制定地理历史主题板块教学目标时，没有根据主题板块本身的特点，对英语学科核心素养进行层级分解，所以就不能制定出符合学生特点、适合发展学生核心素养的教学目标。

---

① 本文系浙江省教育科学规划课题"发展学生核心素养的高中英语教学设计"的子课题研究报告（课题编号：2016SC27909）。

子课题负责人：曹军喜；课题组成员：周梦佳、张音、杨海兵；执笔人：曹军喜。

（三）缺乏对地理历史主题板块的相关核心素养的渗透

尽管课改在不断深入地推进，在针对地理历史主题板块的教学设计过程中，很多教师仍然过分重视语言知识的教授，对于地理历史主题板块相关核心素养的渗透很少。例如，大部分教师告诉学生地名不需要掌握，对于用英语阅读相关地理和历史文本、读懂英语地图方面的内容基本不涉及。

（四）缺乏结合地理历史主题板块的特点对语篇文本的深入分析

目前，大多数英语阅读教学设计没有结合地理历史主题板块的文本特点。在文本的解读上，问题设计单一，缺乏内在逻辑性，过于随意肤浅，导致其对文本解读基本停留在文本表面信息的梳理上，没有深入分析文本内涵。例如，未能从地理和历史的表面信息分析与推断其背后隐藏的文化实质及其对当地人饮食、生活方式等带来的影响。

（五）缺乏地理历史主题板块的评价设计

为应试而教和为应试而学，导致学科价值错位。教师最关注的就是学生的考试成绩，教学的过程，不敢擅自创新，忽略了对学生在地理历史主题板块学习能力的培养和学习策略的指导。教师的评价设计很少涉及历史和地理主题，尤其到了高三，学生不断地刷题，教师不断地讲解试卷和练习题，"练与讲"机械枯燥地重复着，学生在学习地理历史主题板块时学科素养得不到发展。

二、理论背景

《普通高中英语课程标准（2017年版）》（下简称《新课标》）在文化知识、文化意识和主题语境等方面对地理和历史主题提出了以下要求：了解英美等国家地理概况、旅游资源（自然及人文景观、代表性动植物、世界文化遗产等），加深对人与自然关系的理解；了解世界重要历史文化现象的渊源，认识人类发展的相互依赖性和共同价值，树立人类命运共同体意识；了解英美等国家对外关系特别是对华关系的历史和现状，加深对祖国的热爱，捍卫国家尊严和利益；了解中国对外经济、政治、文化的积极影响，感悟中华文明在世界历史中的重要地位，树立中华文化自觉，坚定文化自信。基于对中外文化差异和融通的理解与思考，探究形成文化异同的历史文化原因；在人与自然的主题语境里提出了对"主要国际地理概况"的要求；在人与社会主题语境中涵盖"重大政治、历史事件，文化渊源"。

综上，在做发展学生核心素养的地理历史主题板块教学设计这一课题研究时，应该以促进学生相应素养发展为落脚点，合理整合教学内容、资源，从地理和历史的主题语境出发，根据《新课标》要求，对本主题板块的教学目标进行层级分解，再根据具体教学内容进行教学设计。所制定的教学设计必须体现教学设计的理论基础，在分析、设计和评价方面既要符合教学设计的一般模式，又要凸显本主题板块本身的特点，以促进学生了解英美等国家地理概况和世界重要历史文化现象的渊源。

三、发展学生核心素养的地理历史主题板块教学设计的目标

第一，通过研究，探索出进行学生核心素养的地理历史主题板块教学设计的方法。

第二，通过研究，探索出基于高中英语学科核心素养的地理历史主题板块的目标层级分解方法。

第三，通过研究，学生能够了解英美等国家地理概况、旅游资源，加深对人与自然的关系，以及世界重要历史文化现象的渊源的理解，认清人类发展的相互依赖性和共同价值，树立人类命运共同体意识。

第四，通过研究，课题组成员能够利用地理历史主题板块的教学设计促进学生核心素养的发展。

四、发展学生核心素养的地理历史主题板块教学设计的内容

（一）发展学生核心素养的地理历史主题板块教学设计的一般模式

教学设计的一般模式应具备以下要素：学习需要分析、学习内容分析、学生特征分析、教学策略设计、教学过程设计、教学技术设计、评价目标确定与方法选择、形成性评价设计和总结性评价等。结合地理历史主题板块的特点和总体发展目标，我们制定了发展学生核心素养的地理历史主题板块教学设计的一般模式，如图4-10-1所示。

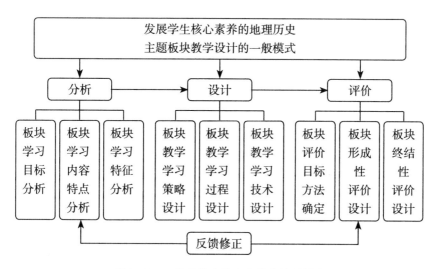

图4-10-1　发展学生核心素养的地理历史
主题板块教学设计的一般模式

如图4-10-1所示，发展学生核心素养的地理历史主题板块教学设计基于对学习目标、学习内容和学生学情的分析，兼顾教师的教学和学生的学习进行教学与学习策略、过程和技术的设计，然后确定评价的目标和方法，进行形成性评价和终结性评价的设计，进而检测反馈教学和学习效果，以便进行相应的修正。

（二）地理历史主题板块教学材料的整合

为了更好地实现地理和历史主题板块的教学目标，促进学生核心素养的发展，必须对教学材料进行整合。人教版、外研版和冀教版高中英语教材均是根据《新课标》编写的，学生通过教材的学习，能够在发展语言能力、思维能力、想象能力和创新能力的同时，逐步树立正确的人生观、世界观和价值观，提高科学文化素养、人文素养及高尚的审美情趣，在发展心智的同时，情感也逐渐成熟起来。通过三个版本教材的整合，教学材料在话题和语言特点上更加丰富、取长补短。根据教学目标的需要，现将地理历史主题板块的教学材料整合，见表4-10-1。

表4-10-1　发展学生核心素养的地理历史
主题板块教学设计的教学材料整合

选自人教版高中英语教材的教学材料	选自其他版本高中英语教材的教学材料
人教版高中英语教材必修一至五： Book 1 Unit 3 "Travel Journal" Book 3 Unit 5 "Canada—'The True North'" Book 5 Unit 2 "The United Kingdom"	外研版高中英语教材： Book 1 Module 3 "My First Ride on a Train" Book 3 Module 1 "Europe" Book 4 Module 5 "A Trip long the Three Gorges" Book 8 Module 1 "Deep South"
人教版高中英语教材选修六至九： Book 6 Unit 5 "The Power of nature" Book 7 Unit 3 "Under the See" Book 7 Unit 5 "Travelling Abroad" Book 8 Unit 1 "A Land of Diversity" Book 9 Unit 3 "Australia"	冀教版高中英语教材： Book 1 Unit 6 "Learning through Travel" Book 2 Unit 6 "Planning a Trip" Book 3 Unit 6 "Geography" Book 6 Unit 6 "Exploring Chinatown" Book 7 Unit 6 "The Great Wall"

　　整合后本板块的教学材料从选材上集合了三大教材在地理历史主题板块上适合发展学生核心素养的优质教学语篇；从语篇内容上，涵盖英国、美国、加拿大、澳大利亚等国家的地理和历史内容；从语篇体裁上，囊括游记、说明文等有关地理和历史文本的主要体裁形式。这样的整合既符合学生的学情和学生发展地理历史核心素养的需求，又有利于教师进行整体规划。

（三）发展学生核心素养的地理历史主题板块教学设计的设计原则

1. 目标的设计要注重发展学生的核心素养

　　一切教学和学习活动都应围绕教学目标与学习目标来开展。它具备支配学习实践活动的内在规定性，起着支配和指导学习过程的作用，也是学生学习方案设计的基本依据，使学生在学习时有明确的方向；它也给学习任务是否完成提供测量和评价的标准。目标的设计要注重发展学生的核心素养，因此，教师和学生应该根据高中英语学科核心素养的地理历史主题板块的目标层级分解，结合教学材料和学生学情，制定教学和学习目标，见表4-10-2。

表4-10-2　人教版必修五Unit 2 "The United Kingdom Reading:
Puzzles in Geography" 的教学和学习目标

一级	二级		三级
语言能力	语言知识	语音	能掌握以下词汇的发音、意思及内化运用部分词汇：unite, kingdom, consist, consist of, London Heathrow Airport, province, River Avon, River Thames, River Severn, divide...into, Wales, Scotland, Northern Ireland, clarify, accomplish, conflict, unwilling, break away (from), union, the Union Jack, credit, to one's credit, currency, institution, educational, convenience, rough, roughly, Midlands, nationwide, attract, historical, architecture, Roman, collection, administration, port, Anglo-Saxon, Norman, Viking, countryside, enjoyable, leave out, opportunity
		词汇	
		语法	能体会和分析含有get/have/find...+object+past participle的复杂句子，欣赏结构复杂、表达优美的句子，模仿记忆优美句子
		语篇	理解文本表达的意义，以及文本中基本的衔接和连贯手段
		语用	能够将文本所学的知识运用到实践中
	语言技能	说	能与同学交流、合作，共同完成部分学习任务；能通过课前查找和课内学习关于英国的相关知识，口头介绍一些有关英国的地理和历史知识
		读	了解英国的地理之谜；了解英国的一些历史，如英国国旗的由来，英国历史上的Norman Conquer、Roman Conquer及Vikings对英国的经济文化等产生的影响；了解英国的首都London的具体信息
			阐释标题意义；概括文本和段落主旨大意；重组文本信息，概括文本内容；把握文脉，厘清上下文逻辑关系
		看	能看懂英国地图上主要图标的含义及地理位置和空间位置关系
			能理解分析英国地理图表和获取相关地理信息
		写	能用文字及图表提供信息并简单描述相关的内容
			能运用学过的词汇、语法、语篇等语言知识，写一篇关于英国的简介
思维品质	逻辑性思维		分析、推断信息的逻辑关系；运用地图理解和描述空间位置关系，建立地形与语言的关系；分析地理和自然资源特征；利用地图发展直观和空间想象能力，增强运用图形和空间想象的意识
	批判性思维		能利用预测、分析、质疑、推断、总结、评价等方法，达到对语言隐含的情感和态度的深刻理解；能正确评判其中的观点，理性表达自己的观点

续 表

一级	二级	三级
思维品质	创新性思维	能运用地图理解和描述空间位置关系，建立地形与语言的关系；分析地理和自然资源与历史特征；利用地图发展直观和空间想象能力，增强运用图形和空间想象的意识分类、概括信息；能发现问题，分析并解决问题
文化品格	文化认知	了解多元文化，认知文化多样性；了解世界地理文化和旅游文化；了解英国的人文文化；了解英国的部分历史
	比较文化异同	比较英国文化与中华文化异同，体会两国文化的博大精深、源远流长；借助文本学习，理解、包容和借鉴英国民族多元文化，吸收人类文化精华
	文化传播	关注并积极参与文化传播和交流；在运用英语语言的过程中，初步形成对人与社会、人与自然关系的思考和认识；明白历史对人文地理的影响
学习能力	自主学习	能够独立地通过多种渠道获取学习资源，有效规划学习时间和学习任务，通过独立的分析、探索、实践、质疑、创造等方法来实现学习目标
		能通过合作探究，分析问题和解决问题
		保持对英语学习的兴趣，具有明确的目标意识
	反思调控学习	对照目标，监控、反思、调整和评价自己的学习，调控学习策略，逐步提高使用英语学习其他学科知识的意识和能力

2. 主题情境的创设

在教学过程中，应改变脱离语境的知识学习方法，将知识学习与技能发展融入主题、语境、语篇和语用中，促进文化理解和思维品质形成，引导学生学会学习，指向核心素养的培养。主题情境是指教师围绕一个主题，设计环环相扣的情境，使学生在情境中学习，以达到教学目的。在设计主题情境的过程中，教师应从学情入手，关注整体性，结合语言文化、语法知识等内容，丰富教学形式，在课堂中对学生进行及时有效地引导并开展教学。例如，在处理必修一Unit 3 "Travel Journal"的语言的时候，可以将其融入地理的语境。图4-10-2为教师以台州椒江的例子来处理本单元的语言点，让学生在语境中学会运用语言，让学生更深刻地了解当地的母亲河，将语言文化、语法知识等内容很好地结合在了一起。

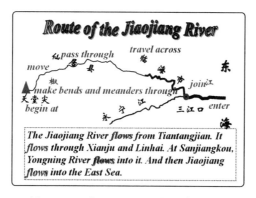

图4-10-2 "Travel Journal"语言课PPT

3. 巧用思维导图

思维导图可以充分展现文章结构的层次和脉络，即形式图式。导图中主干位置的关键词体现了篇章的主要内容或话题，即内容图式。分支下的各个关节点体现了篇章的细节，充分关注了语言知识，即语言图式。合理运用思维导图，能帮助学生更加直观地把握文本的架构和层次，发散学生的思维，启发学生的形式图式、内容图式和语言图式，加深学生对文本更深层的理解（见图4-10-3）。

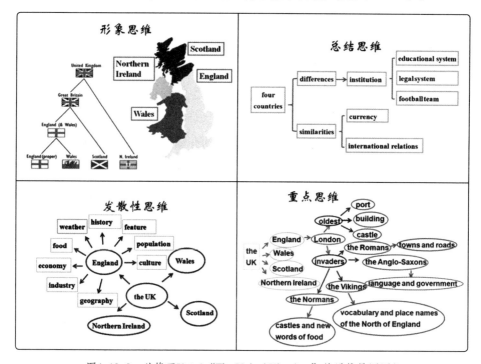

图4-10-3 必修五Unit 2 "The United Kingdom"的思维导图图组

通过以上四张思维导图，学生能动态地了解英国及其国旗形成的过程，构建文本的全景图，使篇章结构清晰展开。通过思维导图，对文章信息进行形象加工整理，有助于学生对文本进行更深层次的理解。

4. 语篇的深入研读

研读语篇就是读者对语篇的主题、内容、文本结构、语言特点、作者观点等做深入的解读。研读语篇可以帮助教师多层次、多角度分析语篇所传达的意义。依据语篇的基本意义、价值取向、文体风格及语言特点，设计合理的教学活动，同时利用作者视角、写作背景和时间等信息，帮助学生深刻理解语篇，把语言学习与意义探究融为一体，实现深度学习。要深入解读语篇，应该从三个基本问题入手，即What（语篇的主题和内容是什么？），Why（语篇的深层含义是什么？），How（作者为了恰当表达主题意义选择了什么样的文体形式、语篇结构和修辞手段？）。例如，对人教版教材必修三Unit 5 "Canada—'The True North'"的"Reading: A Trip on 'The True North'"的语篇研读。

［What］"A trip on 'The True North'"是一篇游记，记述了李黛玉和刘倩在去加拿大看她们的表兄妹途中的见闻。作者沿着从西向东的旅游路线向我们介绍了加拿大的地理位置、面积、地貌、主要城市、生态环境、风土人情，以及该国的多元文化。两个女孩在旅途中看到了自然美景及野生动物。文章还提到了加拿大的自然资源，使学生对加拿大的美丽、富饶、幅员辽阔、地广人稀等特征有了更深的了解。［Why］以中国学生的视角通过游记介绍加拿大。［How］本文按典型的游记写作风格展开，以时间、路线、见闻、感受为明线，通过两姐妹在加拿大的旅行见闻及朋友的介绍，呈现了这次旅行的过程；暗线则是对加拿大主要地理概况（城市、人口、自然资源等）、著名景点、气候及风土人情等进行介绍，使读者了解加拿大的地理、经济、文化、农业、体育、人口、交通等方面的内容。

5. 自主学习活动的设计

《新课标》要求培养学生发现问题、解决问题，用英语进行思考的能力。学生是学习的主体，只有合理地设计学生自主学习的活动，才能培养学生独立自主的能力。首先，教师要明确英语教学大纲，把握教学的重点、难点和基本要求，为学生探索性学习提供重点指导。学生根据学习内容，把握各自的特点，确定个体学习目标。在课堂上，教师引导学生自学了解教材。学生应弄清教材的重难点，找出自己不懂的地方，为研讨探究学习做准备。研讨探究环节，学生对自主学习发现的问题和教材中的探究点进行研讨、交流。在此过程中，学生不是由教师摆布和支配，而是从个人实际出发进行自主学习；教师也不是对学生完全放任，而应以指导学生掌握学习方法为主，及时为学生提供帮助。例如，在上必修三Unit 5 "Canada—'The True North'"的 "Reading: A Trip on 'The True North'"之前，教师可以让学生通过导学案先进行自主探索和学习，见表4-10-3。

表4-10-3 "Canada—'The True North'" Reading导学案（部分）

序号	活动设计	设计说明
Task 1	Search for some information about Canada through the Internet, books, magazines, and so on. And prepare to do a report in class	让学生独立自主通过网络等形式了解加拿大的相关信息，并准备一份口头汇报，既能为上课做好充分的相关话题信息积累，又能培养学生自主获取信息、整合信息以及口头表达等能力
Task 2	Mark the position of the following places in the map: Vancouver, Calgary, Thunder bay, Lake superior, Toronto, Montreal and Toronto	让学生在教学资料中的地图上标注加拿大主要城市的地理位置，培养学生看地图及获取地理信息的能力
Task 3	Listen to the new words and expressions in passage and read after it until you can read them correctly and meanwhile memorize the meanings. Problem: I have trouble in pronouncing and understanding the meaning of the following words:_____. (Tip: You can turn to your classmates for help or look up those words or expressions in the dictionary.)	让学生预习目标词汇的发音及释义，既能为阅读过程扫除词汇障碍，又能让学生尝试简单的自学任务。此外，通过记录自己遇到的问题，为学生在上课过程中克服难点进行针对性的铺垫；通过提供学生解决问题的途径，引导学生通过自己努力或和同伴探讨来解决问题

6. 科学的评价设计

科学的评价体系是实现课程目标的重要保障，可使学生在英语学习过程中不断体验进步与成功，认识自我，建立自信，调整学习策略，促进其综合语言运用能力的发展。评价能使教师获得英语教学的反馈信息，对自己的教学行为进行反思和调整，不断提高自己的教育教学水平。评价能使学校及时了解《新课标》的执行情况，改进教学管理，促进英语课程的不断发展和完善。评价应该遵循以下原则：体现学生在评价中的主体地位；建立多元化和多样性的评价体系；注重形成性评价对学生核心素养发展的作用；终结性评价要注重考查学生核心素养的提升；注重评价结果对教学效果的反馈作用；评价应体现必修课和选修课特点的不同；注重实效，合理恰当地使用评价手段；各级别的评价要以课程目标为依据（见表4-10-4）。

表4-10-4 "The United Kingdom Reading:
Puzzles in Geography" 阅读课的评价设计

① List the words and expressions you have learned to introduce the geography and history of a place or country.

② Make sentences using the words and expressions learned in this passage.

③ Suppose you are a tourist guide, please write a brief introduction of UK based on what you have learned about UK.

④ 课堂学习自评表

表4-10-4中的课堂学习自评表，既体现学生在评价中的主体地位，又注重形成性评价对学生发展的促进作用。通过终结性评价检查学生对语言知识和内容的掌握情况；通过造句练习，检测学生内化运用语言的能力；通过导游角色扮演，考查学生是否能够运用文本获取的信息解决生活中的实际问题。

五、发展学生核心素养的地理历史主题板块教学设计研究的成果与讨论

通过研究，取得了以下成果。

（1）探索出发展学生核心素养的地理历史主题板块教学设计的一般方法。
教师可以通过这个方法，进行地理历史主题板块的教学设计，以促进学生核心
素养的发展。

（2）学生产生了学习兴趣、增加了地理和历史素养、提高了学习和思维能
力。通过地理历史主题板块内容的学习，学生对英语学习明显产生了的兴趣，
并且增加了相应的知识；同时，增强了自主探索、合作等自主学习的能力。通
过一些评价检测，发现学生的思维品质得到了很好的发展，语言能力也有明显
提高，如图4-10-4所示。

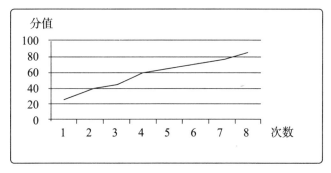

图4-10-4　学生八次地理历史相关知识检测平均分变化折线图

通过在不同阶段对学生进行的地理历史相关知识检测的平均得分可以发
现，学生在地理历史方面的知识有了大幅度的提高，如图4-10-5所示。

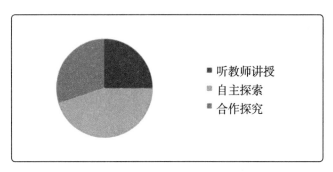

图4-10-5　学生学习方式占比饼状图

此外，学生原来主要的学习方式为听教师讲授。但是，经过一年多的课题
实施，发现学生的学习方式已经发生了很大的改变，从原来被动地接受知识，

到大部分通过自主探索和合作探究来完成学习，大大提高了学习效率。

（3）促进了教师的专业成长。为了更好地实施和实现课题目标，课题组认真研究《普通高中英语课程标准（征求意见稿）》的相关材料及大量有关核心素养和教学设计的书籍与文献，从中得到启发，使教师专业素养提升到新的台阶。

（4）推进了本校英语新一轮关于核心素养的教学改革。探索出了使核心素养落实的具体方法，推进了英语教学从培养学生英语语言运用能力到发展学生核心素养的转变，改变了学生"高投入、低产出"的被动学习的现状。

（5）参编了《新课标高中英语读后续写与概要写作指导·高三册》。

（6）课题组成员相关成果。课题组教师通过公开课实践和推广课题，共开设国家级公开课两次，台州市级公开课和讲座七次，临海市公开课和讲座四次。课题组教师在各项比赛中成绩突出：获"第十届高中英语课堂教学观摩培训"教学设计评选二等奖，选修七Unit 2 "Robots"获教育部"一师一优课"活动部级优课，获浙江省高中英语课堂教学评比一等奖（第一名），获临海市大比武一等奖（第一名）。相关论文获奖或在核心期刊等发表共计五篇。

六、课题研究的结论和思考

通过课题的研究，我们发现发展学生核心素养的地理历史主题板块教学设计有助于学生更好地掌握地理和历史知识、培养相关的思维能力、英语学习能力，以及与地理历史相关的文化品格，能够推动英语学科核心素养的落实和促进学生核心素养的发展。当然，由于新的课程标准和配套的教材尚未面世，有关核心素养的文献资料比较有限，所以研究存在一定的不足和局限性。随着《新课标》的面世，课题组会继续就基于英语学科核心素养的地理历史主题板块目标层级分解，以及教学设计中的原则做进一步的研究、完善及实践。

参考文献

［1］中华人民共和国教育部.普通高中英语课程标准（2017年版）［M］.
北京:人民教育出版社，2018.

［2］鲁子问，康淑敏.英语教学设计［M］.上海：华东师范大学出版
社，2008.

［3］吴艳.论主题情景教学在高中英语教学中的应用［J］.英语教师，
2016，16（24）：129–132+136.

［4］沈爱芬.思维导图在初中英语阅读教学中的运用［J］.中小学外语教学
（中学篇），2014，37（05）：12–16.

第十一节　发展学生核心素养的 Literature主题教学设计①

浙江省天台中学课题组

一、课题研究的背景与意义

在教育部印发的《关于全面深化课程改革落实立德树人根本任务的意见》中，教育部明确要求：各学段制定的学生发展核心素养体系要根据学生的成长规律和社会对人才的需求，践行社会主义核心价值观，落实立德树人根本任务，突出强调社会责任感、创新精神和实践能力。《普通高中英语课程标准（2017年版）》将英语学科核心素养归纳为语言能力、文化意识、思维品质和学习能力。英语学科作为语言文化学习，其教学既要有利于学生发展语言运用能力，又要有利于学生发展思维能力，从而全面提高学生的综合核心素养。但目前的英语教学只重视语言作为交际工具的社会功能，关注其工具性，而忽视了其人文性。在实际教学中，传统英语教学忽视了文学教学。现行人教版高中英语教材中文学作品较少，只有必修三的Unit 3 "The Million Pound Bank Note"，选修六的Unit 2 "Poems"和选修八的Unit 4 "Pygmalion"是文学素材。学生缺少接触原汁原味的英美文学作品的机会，更谈不上欣赏文学作品、提升文学素养了。同时，受高考影响，高中英语教学具有一定的功利性。很多教师

---

① 本文系浙江省教育科学规划课题"发展学生核心素养的高中英语教学设计"的子课题研究
　报告（课题编号：2016SC27910）。
　子课题负责人：潘桂阳；课题组成员：邱委、王丽鸯、曹秋萍、虞炯；执笔人：潘桂阳。

在课堂教学中过多关注学生英语语言知识和语言技能的习得，而忽视了文学教学和提升学生的人文素质与文学素质的学习。此外，教师缺乏文学功底和文学积淀，文学素养不高，也不利于文学教学的开展。因此，课题组将在现有研究的基础上对教材中涉及文学主题板块的内容以话题为基础进行整合，并进行适当的阅读延伸，提升学生对英语文学的理解力，培养其文学意识。

二、课题研究的主要内容

（一）目标层级分解

课题组以现行人教版教材的单元话题为蓝本，对教材中有关文学的单元话题进行教学资源的提取和整合，厘清话题涉及的"文化意识"核心素养，然后进行层级的分解，使之可以观察、可以量化和可以评价（见表4-11-1）。

表4-11-1　高中英语文学主题板块素养分解和教学目标

一级	二级	三级
语言能力	了解认知并掌握文学作品的相关知识（输入）	清楚文学形式的多样性，了解文学作品的背景知识和作者的生平。了解不同文学作品相关词汇及考纲词汇
	理解文本具体信息（内化）	理清具体文学作品的故事情节等
	解释并重组文本信息（内化）	概括、解释、归纳、比较文本信息及文化现象
	内化文本语言	积累并模仿文本中的语言，分释文本中一些优美的句子和语法结构，理解文学作品中经典语言，挖掘文学作品的寓意及内涵
	交流并迁移（输出）	对文学作品进行概写、续写，写文学评论和读后感，通过角色扮演、诗歌朗诵、诗歌创作等多种形式进行输出
文化意识	认知理解与尊重文化的多样性和差异性	将英美文学中反映的社会现象和我国的文学作品所反映的现象进行分析比较，寻找各个社会共同的文化现象
	比较世界与中华文化的异同	分析戏剧的台词、诗歌的诗句、小说中的语言，分析人物性格、情感的变化，引导学生深入研究不同文学作品的语言和内涵
	领悟优秀文化的精神内涵	感悟中外优秀文学作品的精神内涵，取其精华、去其糟粕，并内化为个人的意识和品行
	树立传播中华优秀文化的意识	树立传播中华优秀文化的意识，继承和发扬中华民族的优秀文化

续　表

一级	二级	三级
思维品质	多元思维能力	分类、概括信息；分析推断信息的逻辑关系；正确判断思想观点，理性表达自己的观点，初步具备运用英语思维的能力；对世界文化进行批判继承
学习能力	自主学习能力	主动完成预习任务，积极参与课堂学习，高质量完成课后作业与复习任务
	调控能力	积极调适不良情绪，保持持久的学习兴趣和热情；有效管理学习过程
	合作能力	积极参与小组合作学习，乐于分享自己的学习成果，认真倾听组员的观点和看法，具有良好的沟通能力
	探究能力	引导学生积极探索，鼓励学生大胆猜想、质疑等
	资源整合能力	借助现代化信息技术，迅速筛选和获取有关文学材料的相关信息，准确鉴别提取信息，创造性地加工和处理这些信息

（二）单元话题整合

依据《新课标》，以现行人教版必修模块1~5和选修模块6~8为蓝本，对教材中有关文学的单元话题进行教学资源的提取和整合。现行教材中文学素材占有比例较少，所以需要在教学实践中借助其他教材中的相关资源进行补充（见表4-11-2）。

表4-11-2　整合的单元话题

文本来源	单元话题	文学体裁
Book 3 Unit 3	The Million Pound Bank Note	戏剧
Book 6 Unit 2	Poems	诗歌
Book 8 Unit 4	Pygmalion	神话
课外材料	A Tale of Two Cities	小说
课外材料	The Necklace	戏剧

（三）文学主题板块教学设计

本课题以戏剧、诗歌、神话和其他体裁的文学作品为话题，探索英语文学教学设计的一般流程。基本设想：确定文学形式—选定相关素材—了解该文学形式的基本内容—获取语言知识与技能—关注该文学形式背后的文学意识—培养跨文化意识—理解并内化为学生自身的文学素养（见表4-11-3）。

表4-11-3　文学主题板块教学设计

文学形式	教学设计
戏剧	（1）了解故事情节，重点理解所选场景的故事内容。 （2）关注重点词汇的运用，理解其深层含义，品味语言之美；重点分析经典台词，比较中外语言差异，并领会戏剧的内涵。 （3）分角色扮演，在此过程中学生能有更深刻的理解。 （4）观看影视资料，帮助学生对故事有更全面的理解。 （5）学习相关文学评论，要求学生做出对自己的评价
诗歌	（1）了解诗歌背景、意象及主旨大意。 （2）关注重点词汇的运用，理解其深层含义，品味语言之美。 （3）采用多种形式朗诵诗歌。 （4）翻译诗歌并选出最佳版本，与译文进行比对。 （5）模仿简单诗歌样式进行自主创作
神话	（1）了解神话故事，知晓其在文学作品中的意义。 （2）阅读含有相关典故的英语文章，检测自己的掌握情况
其他文学作品	（1）了解故事情节，熟悉文学作品中的重点人物。 （2）截取重点篇章进行阅读，进行深层理解。 （3）剖析人物性格，分析社会现象，并与我国的文化现象进行比较分析

（四）发展学生核心素养"文化意识"的教学策略

课题组以必修三Unit 3 "The Million Pound Bank Note" 为例，以发展学生核心素养中的"文化意识"为中心目标，明确本单元的层级目标（见表4-11-4）。

表4-11-4　"The Million Pound Bank Note" 文学板块素养分解和教学目标

一级	二级	三级	四级
语言能力	认知并掌握百万英镑的相关知识（输入）	认知掌握相关的戏剧词汇	play, novel, scene, comedy, tragedy, character, conflict, climax, playwright, lines, act, ending, drama, stage directions
		认知掌握考纲词汇	birthplace, adventure, phrase, author, wander, pavement, businessman, permit, ahead, stare, fault, account, spot, passage, seek, patience, scream, rag, bow, barber
			bring up, go ahead, by accident, account for, on the contrary, take a chance, in rags, as for
	理解文本具体信息（内化）	获取文本具体信息	知晓英美文学常见的形式——戏剧，了解戏剧的特点和基本要素，如时间、地点、人物、戏剧冲突、戏剧语言等

一级	二级	三级	四级
语言能力	解释并重组文本信息（内化）	解释、归纳、概括文本内容	根据不同的场景，概括每个场景的主旨大意；根据时间顺序重组内容
	积累并欣赏文本中的语言（内化）	模仿并欣赏文本	欣赏外国文学；解释分析含有宾语从句和表语从句的复杂句子，如"I wonder, Mr. Adams, if you'd mind us asking a few questions."。欣赏结构复杂、表意优美的句子；模仿记忆优美句子，如"I found myself carried out to sea by a strong wind."
	交流并迁移（输出）	对文本进行缩写或续写、分角色朗读或者表演	写出该文本的梗概，或者让学生根据该文本展开合理的想象进行续写，然后让学生欣赏一下workbook中相关的文章。让学生分角色表演戏剧
文化意识	认知理解和尊重文化的多样性与差异性		将英美文学中反映的社会现象和本国文学作品所反映的现象进行分析比较，寻找各个社会共同的文化现象
	比较世界文化与中华文化的异同		分析戏剧的台词，分析主要人物性格、情感的变化，目的是引导学生深入研究不同文学作品的语言、文学作品的内涵
	领悟优秀文化的精神内涵		感悟中外优秀文学作品的精神内涵，形成取其精华、去其糟粕的文化情感。培养学生正确的价值观，并内化为个人的意识和品行
	树立传播中华优秀文化的意识		树立传播中华优秀文化的意识，继承和发扬本民族的优秀文化
思维能力	多元思维能力		通过本单元的学习，学会一定的批判性思维，能概括、分析、推断、总结出人物的性格
学习能力	自主学习能力		主动完成预习任务、积极参与课堂学习，高质量地完成课后作业与复习任务，如课前自主查找马克·吐温（Mark Twain）的生平及其代表作品等
	调控能力		积极调适不良情绪、保持持久的学习兴趣和热情；有效管理学习过程
	合作学习		积极参与小组合作活动，乐于分享自己的学习成果，认真倾听同学的观点和看法，具有良好的沟通能力，如分角色朗读或分角色表演以及分享个人对"金钱万能论"的看法
	探究能力		引导学生积极探索，鼓励学生大胆猜想、质疑等，如"Do you think that with a million pound bank note a man could survive a month in London? And why?"让学生发挥想象力，表达个人观点
	资源整合能力		借助现代化信息技术，迅速筛选和获取有关文学材料的相关信息，准确鉴别和提取信息，创造性地加工和处理这些信息

在进行人教版必修三Unit 3 "The Million Pound Bank Note" 教学研究时，课题组做了如下预学活动设计和教学活动设计。

"The Million Pound Bank Note" （Act 1 Scene 3）预学活动设计

About vocabulary：

● Read and understand the following words and expressions.

Mark Twain, birthplace, wander on the pavement, the American embassy, seek help, a mining company, make a bet, go ahead, by accident, account for, to be honest, in rags, even if, get into trouble, in a rude manner, stare at, on the contrary, take a chance, bring up, a fake, issue two notes, a great honor, from the bottom of one's heart, bow, penniless, survive a month, towards nightfall, find myself carried out to sea by a strong wind, be spotted by a ship, work as an unpaid hand, show sb out

● Make your own words list. （during or after your previewing work）

_____

● Give the explanation of the following words and expressions and make up phrases or sentences.

survive a month _____

be spotted by a ship _____

find myself carried out to sea by a strong wind _____

work as an unpaid hand _____

account for _____

penniless _____

in a rude manner _____

take a chance _____

About the textbook:

● Finish the chart on P17 about some information concerning Mark Twain.

（见表4–11–15）

表4-11-5　Mark Twain 背景资料

Notes	
Real name	
Meaning of his pen name	
Birth date	
Birthplace	
Place where he grew up	
His famous stories	

● Surf the Internet ,or browse the newspapers, or go whatever place you can to find more information about Mark Twain and the novel ,*Million Pound Bank Note.* Take notes about what you read, like some background information about Mark Twain, his famous works, his writing style, the plot of the novel, comments on the novel...(If possible, make your own PPT.)

● Surf the Internet to find some information about the elements of a drama.

● Read the passage and finish the table below（见表4-11-6）.

表4-11-6　关键台词及用意

Questions	Purposes
You are an American?	
	To make sure he is a stranger in London
	To make sure he has no plan or no job
How is that possible?	
	To make sure he is penniless

● Describe how Henry's feelings change during the conversation. First find what Henry says or does on the following occasions and then use your own words to describe how do you think he feels. Explain your reasons（见表4-11-7）.

表4-11-7　Henry 情感变化表

Occasions	What Henry says or does	How he feels
1. Before he enters the brothers' house		
2. When he introduces himself		
3. When the brothers ask him about his plans		
4. When he tells how he reached London by ship		
5. When they seem happy that he has no money		
6. When they give him envelope		
7. When they tell him there is money in it		
8. Before he leaves the house		

● Write down any questions about the reading material.

_____

_____

_____

_____

_____

_____

教学活动设计，见表4-11-8。

表4-11-8　必修三Unit 3教学活动设计

学习目标（Objectives）：

1. After this class, students will be able to tell the story with the key words of this unit；

2. After this class, students will be able to know the basic elements of a play：lines, scenes, characters, and so on；

3. After this class, students will be able to experience the beauty of plays and have desire to explore more

教学媒体：多媒体课件制作、《百万英镑》视频

学习活动设计	设计说明
导入： Step 1：Warming up What do you know about Mark Twain and his works?	这一任务可作为预习作业，要求学生提前准备。学生可以利用书本、网络等资源进行搜索，在了解马克·吐温及他的作品的同时，锻炼了搜索信息、筛查信息的能力，培养了自主学习的能力。这一环节的实际开展可以由学生上台讲演来完成，如此也可以锻炼学生的演讲能力
Step 2：Pre-reading 1.If you were given a large sum of money to spend as you like, how would you spend the money? 2.Have you read the story *The Million Pound Bank Note*? Have you seen the film? If you have, what did you think of it?	问题一要求学生展开想象。该问题的设置不仅可以激发学生的阅读兴趣，同时能从学生的回答中直接反映学生的人生观和价值观。问题二问学生是否读过《百万英镑》的短篇小说或看过该电影，高中生中应该有部分同学对这部戏剧并不陌生，可以由学生来讲述自己所了解作品信息，从而使学生学会信息沟通分享，并自然地过渡到课文的阅读上
Step 3：Reading 1.Read for the key elements of Act1, Scene3 (narrator part) 2.Read for the story of the main character：Henry Adams 3.Read for the character analysis Question1：What does Henry say in the following situations? Question2：What kind of person is Henry?	这一环节为本堂课的重点，同时也是难点。首先学生需要寻找信息回答相关问题，然后对找到的句子必须做出思维判断，进而分析人物性格。学生要从中明白，戏剧从人物台词到舞台说明都暗藏玄机，每句话、每个词、每个动作都有其深层含义，必须通过仔细推敲才能明白作者想要表达的意思
Step 4：Read for creativity What do you think Henry would do with the million pound bank note? Why do you make such a guess?	引导学生在阅读的基础上进行预测，为下一课时的"Using Language"阅读做铺垫
Appendix： 1.The Necklace by Henri René Albert Guy de Maupassant 2.A Tale of Two Cities by Charles Dickens	

教学过程中，课题组不时穿插评价活动；教学结束，又设计评估任务，供学生反思。

"The Million Pound Bank Note" 评价设计

Self-reflection about the unit

● Words and expressions I have learned in this unit: _____ .

● Grammar I have learned in this unit: _____ .

● Make up a short passage by using the words and expressions below.

(wander, make a bet, account for, permit, spot, stare, seek help, in a rude manner, take a chance, on the contrary)

_____ .

● Analyze the personalities of the main characters in the play: Henry and the two brothers. (give supporting details from the passage)

● Discussion 1: Is money everything?

● Discussion2: Do you agree that only money can bring people happiness? (give your own reasons)

● Retell the story using your own words.

● Act out the play.

（五）丰富活动形式，创新文化品格塑造途径

1. 通过小组合作学习的方式进行欣赏

在文学作品的欣赏过程中，通过合作学习，促进小组成员间互相学习，取长补短。同时，合作学习还能促使学生从多角度思考和理解文学作品的内涵。此外，合作学习还能让学生克服在文学学习中的焦虑和紧张心理，激发学生学习英语的兴趣，提高学生的英语水平。

2. 通过表演进行欣赏

教师可以鼓励学生把课内的戏剧情节通过表演的形式展现出来。同时，教师还可以组织学生试着将一些文学作品编写成剧本，由学生自己撰写台词，制作服装道具，在每年学校组织的英语晚会上亮相。这种通过表演来欣赏文学作品的方式，不仅能够加深学生对文学作品的理解，还能让学生在特定的语境中提高语言运用能力和交际能力。

3. 通过观赏电影进行欣赏

观赏电影欣赏文学作品的方式备受学生欢迎。学生会被其中声情并茂、情景交融的情节所感染，会有身临其境的感觉，这既缩短学生阅读英文原著的时间，又降低了学生欣赏英语文学经典的难度，也很符合高中生欣赏心理的需求，初步实现了英语文学欣赏课的教学目标。

4. 通过多媒体进行欣赏

在对某部作品进行欣赏之前，教师可以制作多媒体课件，将作者简介、事件背景、故事梗概等结合相关的图片和声音，通过幻灯片的形式展示给学生，从而为学生更好地欣赏这些文学作品做好铺垫。借助多媒体进行欣赏，对于英语文学的欣赏更富有成效，因为它可以弥补电影只能观看而无法进行编辑和说明的缺陷。

（六）不同类型文学作品课授课模式

1. 文学作品阅读理解课教学模式（读—说—写）

（1）指导学生制订详细的阅读计划。根据文学作品篇幅和教学时间安排，学生在文学作品阅读课前要完成一定量的阅读任务。原则上两周完成一篇文学作品的阅读，视篇幅长短而定。学生在阅读每个章节时都有相应的问题进行梳理。在课堂上，教师根据问题检查学生完成情况，要求学生用英文写出作品概要或在课堂上口头整理故事梗概。鼓励学生发挥想象，对故事进行大胆续写或改写。

（2）引导学生把文学作品中的关键场景和人物画出来，让学生从文字向画面转化过程中对作者塑造人物的方法进行深刻理解。根据不同题材的作品，让学生画人物关系图，简述故事内容，对书本的封面或文本中的图片进行描述。

2. 文学作品阅读赏析课教学模式（读—看—说）

（1）教师节选经典片段，结合学生阅读内容，让学生品味作者对人物刻画、情感表达的技巧，引导学生对文学作品进行鉴赏。学生在阅读的基础上，对视听材料再次进行语言输入，拓宽语言学习渠道。

（2）学生分组挑选自己喜欢的文学作品片段及对白，进行角色扮演。

（3）建立学生文学作品阅读档案袋，收集阅读过程中的好句、作品概述、读后感等。

3. 文学作品阅读讨论课教学模式（读—说—写）

学生在阅读时，教师通过设置层次问题，让学生由内容到含义，进行分组讨论，挖掘文学作品深刻的意义。引导学生站在不同的视角，品味社会历史文化，培养其独立思考的能力。

4. 文学作品自选阅读课教学模式（读—写—说）

以小组形式准备文学作品内容展示。可以附上图片、视频片段进行文学作品介绍，或对文学作品的作者、故事中的主人公进行分析，或分享吸引自己的某个片段，还可以加上人物角色扮演，使之更加丰富。小组成员分配任务，共同合作。教师使用幻灯片进行展示。

（七）学习评价方式

教师应积极引导学生评价自己或他人的学习行为和学习结果，学生通过参与展现自己学习进步的各种评价活动，获得成就感，增强自信心，有效调控自己的学习过程。教材中文学作品阅读词汇量和篇幅要求高于常规试题，因此评价更侧重学生的阅读动机、任务完成度、理解创新性、批判能力等，建议采取形成性评价和终极评价相结合的方式进行评价（见表4-11-9）。

表4-11-9 教材中文学作品阅读教学活动参与情况学生互评表

项目	Full marks 50'			
	always	sometimes	seldom	never
	10	6	2	0
1. Be able to communicate with partners about the reading material in English				
2. Be able to ask questions about the novel in English				
3. Be able to understand the content of the novel				
4. Be able to express your own opinion				
5. Know how to work well with other team members in reading activities				
Total				
Rank	45~50	40~44	35~39	30~34	<29
	A	B	C	D	E

（八）四步文学作品课堂教学模式

笔者通过教学实践总结出"四步文学作品课堂教学模式"。该模式由四个环节组成：背景启动、文本理解、表演表达和拓展创新。这四个环节相互关联、相得益彰。

第一步：背景启动

在授课前，教师应向学生介绍相关背景知识，以帮助学生理解文学作品的内容。主要介绍作家的生平和作品涉及的相关社会文化背景。利用文学作品教学渗透西方文化背景知识，这也是高中英语新课程理念的要求。

第二步：文本理解

曲折的故事情节、复杂的人物关系、丰富的人物内心世界和内涵深刻的主题，既是文学作品教学的重点，也是学生理解的难点。在人物关系上，教师可以指导学生抓住主要人物，再厘清次要人物与主要人物的关系，构建人物关系图。在故事情节上，可使用文学作品人物关系图。对于曲折的故事情节，可使用文学作品情节关键词流程图法或文学作品情节简笔连环画法。

第三步：表演表达

通过整合教材，让学生改编台词或表演文学作品主要情节，培养其合作和探究的能力。在剧本表演过程中，教师要训练学生在语篇语境中灵活使用重要的语言结构，绝对不能从完整的语篇中肢解分离词汇结构语言点，否则，必然把活生生的语言弄得支离破碎、枯燥无味。

第四步：拓展创新

高中英语新教材中选编的文学作品蕴含丰富的德育素材。教师在文学作品教学中不能拘泥于教材、受制于教材，而要走出教材、活用教材，充分挖掘教材中蕴含的德育因素进行德育教学活动。在这一方面，辩证法和讨论法是行之有效的教学途径，能潜移默化地对学生进行思想品德教育。教师还可以引导学生自己与文学作品中的人物进行角色换位，激活学生的发散思维，达到陶冶其道德情操的目的。

📖 参考文献

［1］中华人民共和国教育部.普通高中英语课程标准［M］.北京：人民教育出版社，2003.

［2］英语课程标准研制组.高中英语课程标准解读［M］.南京：江苏教育出

版社，2004.

［3］章荣庆，吕福松.教育学［M］.武汉：武汉大学出版社，2003.

第十二节　发展学生核心素养的
Music主题教学设计①

浙江临海市回浦中学课题组

一、课题的提出

（一）现状弊端

1. 音乐学习资源现状

现阶段浙江各高中采用的普遍是人教版高中英语教材，本课题组认为音乐主题板块学习资源存在以下问题。

（1）预热内容脱离学情。预热（warming up）的根本目的是激活学生已有的相关知识储备，为学习新知识铺路，这是学习的准备阶段。但必修二Unit 2音乐单元的热身部分要求过高，难以开展。该部分要求学生罗列不同的音乐类型，但是基于认知水平，学生对西方音乐的类型了解甚少，易造成老师向学生灌输知识，学生跟着老师的PPT转的现象。课题组认为这样的预热忽视了学生的学情，拔高了学生的层次，对他们的文化知识储备要求过高。

（2）阅读文章缺乏时效性。课堂是提升核心素养的落脚点，阅读教材则是语言和文化的载体。人教版教材在选材上贴近学生生活。但该单元的Reading讲述的是美国20世纪60年代兴起的门基乐队（The Monkees）的成名故事。音乐、

---

① 本文系浙江省教育科学规划课题"发展学生核心素养的高中英语教学设计"的子课题研究报告（课题编号：2016SC27912）。

课题负责人：朱超群；课题组成员：王保卫、林卫娟、丁红霞；执笔人：朱超群。

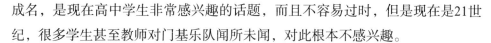

成名，是现在高中学生非常感兴趣的话题，而且不容易过时，但是现在是21世纪，很多学生甚至教师对门基乐队闻所未闻，对此根本不感兴趣。

2. 英语教学现状

（1）忽视学生语言能力的培养。长期以来，学生学习英语大多是为了应试，老师讲，学生听，遵循着"生词—课文—语法—练习"的模式。学生只喜欢刷题，这样严重制约了学生的思维品质和学习能力的发展，很多学生也因此失去了学习英语的兴趣。

（2）忽视中西方文化的差异。在学习英语的过程中，大部分学生习惯用中文去翻译英文，然后用我国的文化去分析西方的文化。不同民族的生活习俗、生活方式，甚至思维方式等都存在着很大的差异。例如，美国的民族音乐country music和中国的folk music在音乐风格与表达情感方式上都存在着很大的差别，使用的演奏乐器也不尽相同。又如，西方乐器有小提琴、钢琴、萨克斯等，而二胡、笛子等则属于中国的传统乐器。因此，在关于音乐的英语教学中，教师应该重视文化差异，并了解和研究这种差异，开展语言和文化对比研究，努力提高英语教学水平。

（二）理论背景

2017年版的《普通高中音乐课程标准》提出了音乐的三大核心素养，即审美感知素养、艺术表现素养、文化理解素养。

音乐文化理解是重要的社会人文素养。高中生对音乐的文化理解以四方面为重点：识别中国与世界音乐的主要种类与特征；认知音乐的主要形式、艺术特征与文化价值；了解音乐在舞蹈、戏剧、影视中的应用及它们的相互关系；了解音乐发展的时代背景与社会意义。音乐作为文化内容的一部分，其内容和活动体现了不同身份的表演者、创作者、参加者等个体的思想价值和文化主张，展现了民族性格和民族精神，具有鲜明的人文性。在音乐学习的过程中，学生要适当吸收西方音乐文化的优良传统。

提高中学生的音乐素养是提高中学生核心素养的充分必要条件。音乐是文化的重要组成部分，音乐作品和音乐活动体现了不同文化的创作者、传播者、表演者和参与者的思想情趣与文化主张，是民族性格、民族情感和民族精神的展现，具有鲜明而又深刻的人文性。因此，教师教授英语音乐主题板块时要注意发展学生的音乐核心素养。

目前，在国内外发展学生核心素养的教学设计已形成趋势。北京师范大学外文学院院长程晓堂教授认为要转变观念，培养学生的英语核心素养；义务教育及高中阶段英语课程研制组主负责人王蕾认为，教学要走向服务学生学科核心素养的发展；北京丰台区东铁匠营第一小学在2017年4月举行"中国学生发展核心素养导向——中小学英语名师新课堂教学观摩研讨会"……目前，教师最注重的是学生外语的基本知识和基本技能的学习，而很多教师根本没有考虑文化品格。因此，不重视文化教学就不可能全面提高学生的英语能力。

综上，本课题组认为研究"发展学生核心素养的音乐主题板块教学设计"很有必要性和迫切性。

二、研究目标

（1）对《发展学生核心素养的音乐主题板块教学设计》形成较为清晰的认识。此子课题研究的是文化品格下的音乐主题板块的教学资源（见表4-12-1）。

表4-12-1 音乐主题板块教学资源

主题板块	人教版资源	拓展学习资源推荐
音乐	Book 2 Unit 5 "Music"	（1）外研版必修2 Module 3 "Music" （2）外研版选修6 Module 4 "Music"，选修7 Module 4 "Music Born in America" （3）听力课堂网："The Charm of Music" （4）VOA Special English（音频）："Music and Human Brain Seasonal Music：Songs About Spring" （5）TED Speech Video（视频）："The Transformative Power of Classical Music"

（2）提炼《发展学生核心素养的音乐主题板块教学设计》的具体策略，构建教学实践模式（见图4-12-1）。

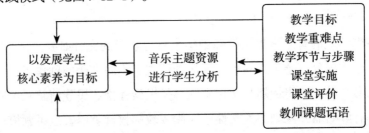

图4-12-1 教学设计框架

（3）借助课堂教学（以人教版必修二Unit 5 Reading为例），提高学生学习英语的兴趣和动力，促进学生英语核心素养的全面提高（见图4-12-2）。

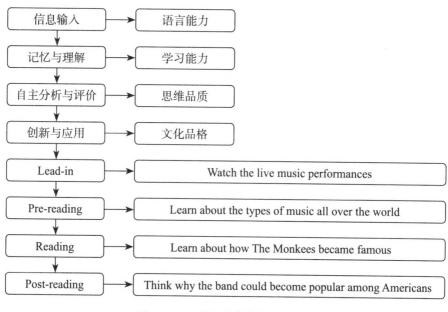

图4-12-2　课堂教学模式框架构建

（4）促进教师文本解读、教学设计、课堂教学能力的提高（见图4-12-13）。

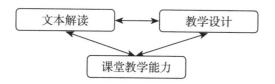

图4-12-3　教师能力提升关系

三、研究内容

（一）问卷调查

实验：课前对学生的音乐知识了解程度进行调查。

本调查问卷一共有20个问题，抽取了高一（2）班和高一（13）班学生进行调查。音乐是学生素质教育的一部分，了解高中生对音乐知识的掌握程度，可以更好地完成教学设计。本次调查分为纸质和口头两部分。在纸质部分完成后，针对某个问题随机抽取学生进行当场提问，学生自由回答。本调查问卷共发放100份，收回100份，有效率100 %。

通过调查结果分析了解到，大约80 %的学生非常喜欢音乐，因为音乐可以放松心情，缓解学习压力。但是90 %的学生缺乏对音乐知识的了解，甚至从来没有去了解音乐的文化、音乐的含义等。几乎100 %的学生对于西方国家的音乐文化，特别是门基乐队一无所知。教师在教授音乐主题板块时，应该注重学生的文化品格和思维品质发展。

本次课后学生对音乐的热爱明显增加，对课文涉及的西方音乐文化及门基乐队有所了解，激发了学生对音乐的学习热情。

（二）课题实施

（1）文献理论研究——掌握《发展学生核心素养的音乐主题板块教学设计》的基本原理等前人研究成果。

阅读2014年教育部颁布的《关于全面深化课程改革落实立德树人根本任务的意见》，2016年3月中国教育学会的《中国学生发展核心素养（征求意见稿）》，2015年8月教育部考试中心关于征求对《普通高等学校招生全国统一考试英语科考试说明》等，学习、掌握相关理论，借鉴、迁移、整合于课堂教学。深入研究包括《新课标》在内的资料，运用于本课题研究。

（2）课堂教学研究——《发展学生核心素养的音乐主题板块教学设计》的实践行动。

立足课标、学段和学生现有水平，甄别和选择有利于"语言运用能力培养"的典型教学内容，探索各学段共性的、有效的教学策略。

1. 音乐主题板块学习材料分析

以必修二Unit 5 "Music Reading: the Band That Wasn't" 为例。

本课教学内容选自人教版必修二Unit 5 "Music Reading: the Band That Wasn't"，话题是"音乐"和"音乐类型"。该篇阅读文章主要讲述了门基乐队的发展历史和成长历程。作者先以设问的方式引发读者从个人的梦想、生活经历和熟悉的人物等角度思考，并逐步切入本文的中心话题——一个乐队是怎样形成的。之后文章介绍了一个乐队形成的一般过程。然后，笔锋一转，文章又描述了有特殊成长历程的门基乐队——一次"失败"的电视选秀，一支流行乐队的诞生。这个乐队开始由一个摇滚歌手和三个演员组成，他们曾红极一时。独特的音乐风格和成名经历使他们在乐坛上独树一帜。更重要的是，乐队成员"从平民到明星"的成长过程能让学生产生共鸣,引发学生对"明星梦"的反思。

2. 分解素养,形成层级结构(见表4-12-2)

表4-12-2　单元核心素养分解结构

一级	二级	三级	四级
语言能力	认知并掌握音乐知识(输入)	认知掌握相关音乐词汇(类型、乐队、音乐家等)	musician, classical music, rock'n'roll, orchestra, rap, folk music, jazz, country music, choral, the Beatles, The Monkees, Beyond, The Flowers, Back Street, SHE, Mozart, Beethoven, Chopin
		认知掌握其他相关词汇	dream of, to be honest, attach great importance to doing, play jokes on, rely on, pretend to do, get familiar with, become serious about, break up, in addition, on a brief tour
	理解文本具体信息(内化)	获取文本具体信息	了解音乐的各个类型、乐器及代表人物等,了解各个国家的民族音乐等一般信息,了解乐队The Monkees成名的具体信息
		描述音乐类型、乐队成名等	描述所知音乐的类型及成名乐队
	解释并重组文本信息(内化)	解释、归纳、概括文本内容	阐释标题意义;概括文本和段落主旨大意;重组文本信息,概括文本内容;把握文脉,厘清上下文逻辑关系
	积累并欣赏文本语言(内化)	模仿并欣赏文本	欣赏音乐;解释分析含有介词+ whom/which的定语从句;欣赏结构复杂、表达优美的句子,模仿并记忆优美句子
	交流并迁移(输出)	口头、笔头表达音乐信息知识	描述门基乐队成名的历程,叙述门基乐队重组的原因,模仿文章形式介绍其他乐队
文化品格	认知并理解文化多样性		了解多元文化,认知文化多样性;了解世界各国音乐风格等风土文化;了解音乐家成名的不同路径等人文文化;了解多元语言文化
	认识文化传播手段——音乐		了解文化传播手段——音乐,关注并积极参与文化传播与交流;在运用英语语言的过程中,初步形成人与社会、国与国关系的思考和认识;了解20世纪60年代美国当时的一些社会背景
	比较世界与中华文化异同		比较美国与中华文化异同,体会两国文化的博大精深、源远流长;借助文本学习,理解、包容和借鉴美国民族多元文化,吸收人类文化精华

续 表

一级	二级	三级	四级
思维品质	分析推断概括信息	分类、概括信息；分析、推断信息的逻辑关系；正确评判各种思想观点，理性表达自己的观点，初步具备用英语进行多元思维思考的能力	
	批判性思维	学会判断各种音乐类型，了解各国有名的音乐家、乐队的成名史等，用发展批判的眼光看待成名之路	
学习能力	自主学习	搜索音乐地理知识	搜寻美国门基乐队的乐曲，了解乐队的成名史及当时的时代背景；查询美国乐队、人文信息
		预习课文生词、结构等知识	预习词汇，记忆词汇的音、形、义；查阅词典，初步学会词汇运用；自学课文内容，提出问题
	反思调控学习	对照目标，反思单元学习得失；总结单元学习，评价学习结果，调控学习策略	

3. 结合教学材料，确定教学目标

（1）发展学生的语言能力。认知掌握音乐相关的词汇和短语及文中其他类型词汇和短语：musician, classical music, Rock'n'Roll, orchestra, rap, folk music, jazz, country music, choral, dream of, to be honest, attach great importance to doing, play jokes on, rely on, pretend to do, get familiar with, become serious about, break up, in addition, on a brief tour。

（2）发展学生自主学习能力。通过网络、报刊等了解关于音乐、门基乐队的相关知识。

（3）发展学生批判性思维。倾听他人有关音乐知识的信息与观点；谈论乐队及明星的生活状况，用辩证和理智的态度看待明星的生活。

（4）发展学生理解文本、运用语言的能力。通过学习了解门基乐队的音乐风格和成名经历；获取信息，理解字面和字里行间的意义，分析细节刻画对主旨大意的支撑作用；学习由"介词+which/whom"引导的定语从句。

（5）发展学生分析推断的思维品质。归纳概括文章主旨要义；把握文脉，厘清上下文逻辑关系；学习门基乐队的成功经验，如音乐风格，乐队带来的正能量等。

（6）发展学生跨文化交际能力。熟悉音乐的种类、各种成名乐队、歌唱家和音乐家等；通过阅读本文，品味门基乐队的音乐和西方文化的特点；理解作者观点、意图等。

4. 设计教、学、评活动（教学活动设计、学习活动设计、评价设计）

教、学、评活动设计包括：学习活动——预学案，教学活动设计——教学活动步骤，评价活动设计——检测学习内容的评价。单元预学案设计（见表4-12-3）。

表4-12-3 各类音乐简介

Type	Characteristics	Representative piece	Representative musicians
Classical music	Music that people consider to be serious and has been popular for a long time	Swan Lake	Tchaikovsky
Choral	A traditional Christmas song, which is often sung in the church on Christmas Day	When He Comes	...
rock 'n' roll	A style of music that was popular in the 1950s, and has a strong loud beat	Yellow	Band Coldplay
Country music	It is popular music in the style of music from the southern and western US	Takes me home country road	John Denver
Rap	A popular music in the style of music form the southern and western US	Fantasy	Jay Chou
Jazz	It was born in the US around 1890. It was sung by black people and it rooted in Africa (music of American Negro origin, very romantic), usually played by saxophone	Best of the Best	Sinatra
Orchestra	A large group of people playing all kinds of musical instruments among together	Symphony No.5 in c minor, Op.67	Ludwig Van Beethoven
Folk music	Most of the songs are about country life, about the seasons, animals, and love and sadness in people's life	Ten Farewell to Red Army	Song Zuying

Name the musical instruments you know：

About Vocabulary：

Ⅰ. Read and understand the following words and expressions.

musician, classical music, rock'n'roll, orchestra, rap, blues, chorus, carol, folk music, jazz, country music, choral, perform, passer-by, instrument, studio, broadcast, fame, dream of, to be honest, attach great importance to doing, play jokes on, rely on, pretend to do, get familiar with, become serious about, break up, in addition, on a brief tour.

Ⅱ. Make your own words list. （during or after your previewing work）

_____

Ⅲ. Give the explanation of the following words or expressions and make up phrases or sentences.

folk music _____

perform _____

fame _____

dream of _____

break up _____

pretend to do _____

attach great importance to _____

About the textbook：

Ⅰ. Surf the Internet,on browse the newspaper ,or go whatever place you can to find the information about the music styles and The Monkees. Take notes about what you read like the music, the band, and how they get the fame (If possible, make PPT).

_____

_____

Ⅱ. Questions for thinking.

Why did the band break up?

_____

Why did the band reunite?

_____

What do you think of The Monkees?

_____

Ⅲ. Write down the problems about the reading materials if you have any.

_____

围绕教学目标，教学科组设计了如下教学步骤和教学活动，具体教学活动设计，见表4-12-4。

表4-12-4　单元阅读教学活动设计

人与文化音乐主题板块	Teaching material：the Band That Wasn't	Other resources（拓展学习材料）：see appendix
学习目标（objectives）：After this unit, students will be able to...		
教学媒体：多媒体课件制作		

学习活动设计	设计说明
导入： 活动一：欣赏门基乐队现场演唱会 活动二：了解认识各种音乐类型 What kind of music do you know? Let's enjoy some pieces of music and tell what kind of music it is. Do you know any bands or musicians?	鼓励学生通过网络、报刊等，阅读了解关于音乐的知识；表达及聆听音乐相关信息与观点，阐述自己的喜好
文本解读： 活动三：标题解读 T：What else do you want to know about music? Let's go into the reading passage. What is the title? What is the band? What is "the Band That Wasn't"？ 活动四：找出主题句 T：What is the main idea of the passage?Read again and get the topic sentence (main idea) in each paragraph. 活动五：具体描述门基乐队成名之路 T：Many people want to be famous as singers or musicians. Why? How most bands start? Common interest? Writing & playing music? How? Can you find the road to a real band?	通过对门基乐队歌曲的欣赏，学生亲身感受到门基乐队的风格特点，并进一步了解当年门基乐队为什么会成为继甲壳虫乐队以后又一支著名的乐队,同时提起阅读文章兴趣，归纳概括文章主旨要义。 熟悉感受音乐、乐队；获取信息，理解字面和字里行间的意义，理解细节对主旨大意的支撑作用；熟悉乐队的音乐文化；把握文脉，厘清上下文逻辑关系；了解乐队如何成名
活动六：分析和概括 T：Now could you retell how The Monkees became successful?	理解字面和字里行间的意义，理解作者的观点、意图等
活动七：评价、创新、输出运用 T：Since we have learnt the road of Monkees to success, let's go into further thinking: Q1. Why did the band break up? Q2. Why did the band reunite? Would you please work in pairs to discuss about it?	
Appendix： （1）Tingclass.net（语篇）："The Charm of Music" （2）Douban（音频）："Let It Be" （3）BBC Documentary（视频）："No Distance Left to Run：A Film bout Blur（2010）"	

四、效果与讨论

（1）教师提高了文本解读能力，改变了教学方式。教师整合课程内容，深挖教材文本，从知识教学和技能教学转向对英语学科核心素养的培养，加深了对英语学科本质和价值的认识，重视对语篇意义的解读；同时，在设计活动时关注其内在逻辑和关联，注意提炼和整合内在的知识结构（如以下片段）。

T: In the USA they became even more popular than the Beatles and sold even more records. But the band broke up around 1970. Why did they break up? What happened to them?

Ss: One of the members wanted to join another band, because he could make more money there.

...

T: But happily they reunited in the mid-1980s. They produced a new record in 1996, with which they celebrated their time as a real band. Why did they reunite? What happened?

Ss: ...

教师重点解读 happily、celebrate及 a real band，引起学生思考，挖掘乐队成名背后的意义。

（2）培养了学生的学习能力和语言能力。语言能力是英语学科核心素养的核心。它既包括听、说、读、写等语言技能，也包括对语言知识的理解和运用能力，还包括语言意识、交际身份意识等。语言是为语义服务的，语言能力的培养要在主题的引领下，依托语篇，关注语用，以语义为主线，将零碎的语言点整合串联成语言链条。学生能够熟练地运用准确、严格、简练的英语来表达自己对于音乐的看法，并能借助网络等工具来深入了解西方的音乐文化。

（3）发展了学生的跨文化沟通交际能力。学生通过音乐了解西方的一些文化习俗，提高了个人素养，并能够愉快地与他人谈论西方及我国的一些音乐文化（如以下片段）。

> T: Do you like The Monkees? Do you know that they began as a TV show?
> Ss: Yes. And each week ...
> ...
> （设计意图：以动画导入话题，很自然地过渡到乐队的成名）

教师引导学生了解门基乐队，了解其成名背后的故事，同时了解美国的文化。

（4）学生学会用批判性的眼光去看待周围的事物。学生不盲目崇拜和模仿，如对于西方国家或者成名青少年，学生能够一分为二地看待问题（如以下片段）。

> T: In the USA they became even more popular than the Beatles and sold even more records.But the band broke up around 1970. Why did they break up? What happened to them?
> Ss: One of the members wanted to join another band, because he could make more money there.

教师带领学生挖掘break up背后的原因，探讨如何看待popular和make more money的关系，让学生学会理智对待问题。

（5）学生因为音乐爱上英语，打开了了解世界的心房，同时也丰富了课余生活，陶冶了欣赏美的情操（如以下片段）。

> Before class task: Ask students to write down what kinds of music they've already known and then search online or read for more information about music, the band and the musicians or singers.

教师带领学生学习音乐种类的各种英文表达方式以及乐队、歌手和音乐家等，丰富知识，欣赏美。

五、结论与思考

通过本课题的研究，我们找到了发展学生核心素养音乐主题板块的教学设计一定的方向，对于单元整合也有了一定的策略和方法，但是教无定法，我们对如何更有效地进行教学设计仍存在一些困惑。

（一）探寻更有效的课程内容整合方法

在单元整合内容上，我们厘清并抓住了主线，将主题引领作为整合的起点；同时建立整合六要素（主题、语篇、语言知识、文化知识、语言技能、学习策略）的学习活动观。除此之外，是否有更有效的方法来进行单元内容整合？

（二）科学进行教学设计的进一步思考

教学从知识教学和技能教学转向对学科核心素养的培养，需要教师加深对学科本质和价值的认识，重视对语篇意义的解读，在设计活动时关注内在逻辑和关联，注意提炼和整合内在的知识结构。因此，提高教师的文本解读能力是关键。

从文本解读到活动设计，教师是否需要思考以下几个问题。

（1）创设何种情境？与学生共同解决什么问题？

（2）学生需要获取什么信息，建立怎样的知识结构？

（3）如何引导学生在解决问题的过程中，学习语言知识，发展语言技能，获得文化体验，汲取文化精华，提升思维品质，运用学习策略，实现创新迁移？

要改变教学方式，教师需要做到以下几点。

（1）认真研读和分析文本，梳理语篇主题意义。

（2）确保教学设计情境化、问题化、活动化，体现综合性、实践性和关联性。

（3）在主题意义探究和问题解决的活动中，整合语言知识学习和语言技能发展，体现文化感知和品格塑造，发展思维品质和语言学习能力。

（4）从表层学习走向深度学习。

要备好一节课，规划一份优秀的教学设计，除了对教材有充分的理解，了解学生现有的水平也是关键。本校学生的音乐水平大多处于中等水平，很多学生受家庭的影响，知识面有局限，对音乐缺少了解，对各国文化了解甚少，语言能力、学习能力、思维品质、文化品格、音乐情操的陶冶都还需要教师不断地引领。

参考文献

[1]人民教育出版社课程教材研究所.教科书·英语（必修1）［M］.北京：人民教育出版社，2011.

［2］朱海燕.中学音乐教学与学生核心素养培养研究［J］.新课程（中），2016（12）：17.

［3］闫若婳.论学生音乐发展的核心素养及其教育策略［J］.广西师范大学学报（哲学社会科学版），2017，53（02）：121-124.

［4］王蔷.从综合语言运用能力到英语学科核心素养——高中英语课程改革的新挑战［J］.英语教师，2015，15（16）：6-7.

［5］王蓓.基于英语学科核心素养的高中英语阅读教学研究［J］.中小学外语教学，2017，40（05）：7-12.

第十三节　发展学生核心素养的 Science主题教学设计①

浙江临海市回浦中学课题组

一、课题的提出

强化教育改革，改变人才培养模式，由"应试教育"向"全面素质教育"转型，这是国民经济和社会发展对中小学生教育提出的新要求，也是今后我国中小学教育发展的趋势。就英语学科而言，教育目标由掌握语言系统向培养综合语言能力转变。语言不再纯粹是一种人与人之间交流沟通的工具，还是提升学生素养的一种手段。2014年3月，教育部发布了《关于全面深化课程改革落实立德树人根本任务的意见》（以下简称《意见》），提出了"核心素养"这一重要概念。英语学科核心素养包括语言知识、思维品质、学习能力和文化品格。语言是思维的外壳，思维则是语言的内核，思维在语言交流中产生并得到发展，但是目前教师的教学目标还处于传授知识和技能的低层次上。培养发展能力，运用科学训练方法，发展学生个性特长才刚起步。学生的社会责任感、推理、质疑、批判性思维等学科素养基本未涉及，社会的评价也还在高考这个指挥棒下打转。学生成了考试的机器，所学知识往往不能在实际中运用，遇到问题难以用科学的方法分析解决，即缺乏科学解决问题的方法与思维，缺乏必

---

① 本文系浙江省教育科学规划课题"发展学生核心素养的高中英语教学设计"的子课题研究报告（课题编号：2016SC27913）。

　子课题负责人：蒋会华；课题组成员：张音、张丹丹、李珊珊；执笔人：蒋会华。

备的学科素养。教学内容就科学技主题板块而言，人教版教材从必修一到选修八都有涉及，教师的教学基本都是在照本赶进度，对教材缺少整合，更没有一个系统的、长远的规划。因此，我们这个课题组就英语学科核心素养在科学这个板块中做了一些尝试。课题组认为，本课题研究不仅是必要的，而且是迫在眉睫的。

二、课题研究的目标

通过对本课题的研究，我们试图优化教学资源，探索出一套有效促进学生英语学科核心素养发展的最优发展策略。针对科学主题板块，我们将重点落在提升学生的思维品质上。在英语学科中培养和发展学生的思维品质，就是要引导学生观察语言与文化现象，分析和比较其中的异同，归纳语言及语篇特点，辨识语言形式和语篇结构的功能，分析和评价语篇所承载的观点、态度、情感和意图等英语学习活动与实践运用途径，帮助学生学会观察、比较、分析、推断、归纳、建构、辨识、评价、创新等思维方式，增强学生思维的逻辑性、批判性和创造性，提高思维品质。

三、课题研究的思路与框架

（一）整合教材、设定层级目标

英语学科核心素养是一个起点很高的东西，要想使之落实，必须依托课堂教学，而课堂教学离不开教材。针对人教版的教材，我们首先对其进行整合，将科学主题板块内容归类，取其精华，去其糟粕，并试图从其他教材，甚至网络上获取教学材料，最终将核心素养的培养具体细化到这些材料的学习过程中。

（二）确定核心素养培养的阶段性

学生的学习能力和语言能力具有一定的阶段性，在不同阶段，他们的能力会有不同的成长。科学主题板块重点培养的思维品质是实实在在，有特点、有品质的普遍心理现象。各种思维能力虽相互交错，但却可以有的放矢，每一个阶段可重点培养强化一两个思维品质，也就是设定一些阶段性的具体要求，使思维品质的发展具象化，具有可操作性。例如：高一的学生能分析教学材料，理解文本意义；高二学生则具备批判性思维，能进行辩证思维；高三学生能进行文本概括，通过想象、推理等对文本进行再创作。

四、课题研究的内容

（一）科学主题板块层级目标构建

英语学科素养涵盖学生的语言能力、文化品格、思维品质和文化意识。其中思维品质，指人的思维个体特征，反映其在思维的逻辑性、批判性、创造性等方面所表现的水平。针对科学主题板块，我们将核心素养层级分解，以人教版必修三Unit 4 "Astronomy: the science of the stars" 为例（见表4–13–1）。

表4–13–1 必修三Unit 4主题板块核心素养分解

一级	二级	三级	四级
语言能力	认知并掌握天文学知识（输入）	认知掌握相关天文学词汇	astronomy, atmosphere, carbon, dioxide, oxygen, planet, solar system, Mercury, Venus, Mars, Jupiter, Saturn, Uranus, Neptune, Pluto
		认知掌握其他词汇	system, violent, solid, explode, surface, harmful, development, spread, method, depend, in time, prevent...from
	获取语篇具体信息（输入）	了解语篇具体信息	了解地球生命起源，了解生命进化历程
		描述地球上的生命进化过程	了解不同进化阶段的物种及其关系
		了解地球与月球上的引力变化	了解人类太空之旅的重力变化
	解释并重组语篇信息（内化）	解释、归纳、概括语篇内容	阐释标题意义；概括语篇和段落主旨大意；重组文本信息，概括语篇内容；把握文脉，厘清上下文逻辑关系
	积累并欣赏语篇语言（内化）	欣赏并模仿语篇	解释分析名词性从句，欣赏并模仿结构复杂、表达优美的句子
	交流并迁移（输出）	口头表达天文学知识	介绍地球生命起源及进化历程
文化意识	认知并理解文化多样性		了解不同文化对生命起源不同的观点

续 表

一级	二级	三级	四级
文化意识	比较外国文化与中华文化的异同	比较国内外不同文化，体会世界文化的博大精深、源远流长；借助文本学习，理解、包容和借鉴多元文化，吸收人类文化精华	
思维品质	理解能力	理解文本内容	理解、掌握 "how life began on the earth"
	推理、概括能力	根据已有信息推出未知信息；概括文本主要内容	厘清生命进化过程中不同物种之间的关系，了解生态系统中的食物链
	批判、创新能力	分析、质疑、批判文本中的观点，形成自身科学的思维方式	分析生命进化的科学性，思考人类与自然的关系，理性表达自己的观点
学习能力	自主学习	预习课文生词、句子结构等知识	预习词汇，记忆词汇的音、形、义；查阅字典等工具书，初步学会词汇及句式的运用
		探索天文学知识	通过书籍和网络查阅了解更多的宇宙奥秘
	合作学习	同伴探讨	讨论人类该如何去保护地球
	反思调控学习	反思单元学习得失；总结单元学习，评价学习结果，调控学习策略	

（二）科学主题板块教学资源建设

要想使核心素养得到落实，必须进行基于核心素养的课程体系设计、评价体系设计和教学方法创新。对于普通教师而言，首先要树立学科内容观，要对英语学习内容进行再认识。科学从内容上包括物理（physics）、化学（chemistry）、生物（biology）及地球科学（earth science）。我们将教学资源进行了整合，并进行了板块教学研究（见表4-13-2）。

表4-13-2　科学主题板块主题学习资源群

板块	项目	内容	单元话题	拓展学习资源推荐
Science	Physics	Astronomy	Book 3 Unit 4: "Astronomy" •the science of the stars •the development of life •space travel and gravity	视频 The Origin of Life双语报B1版面

续 表

板块	项目	内容	单元话题	拓展学习资源推荐
Science	Physics	Computational physics	Book 2 Unit 3: "Computers" • information about technology • basic knowledge of computers • space travel and gravity Book 7 Unit 2: "Robot" • robot • literary work about science Book 8 Unit 3: "Inventors and Inventions" • inventions • patent application • great inventors	...
	Chemistry	Organic chemistry	Book 4 Unit 2: "Working the Land" • important people and history • methods of agriculture	视频 "Organic Farming"
		...	...	...
	Biology	Ecology	...	...
		Genetics	Book 8 Unit 2: "Cloning" • natural clones and man-made clones • the history of cloning • controversy about cloning	...
	Earth science	Environmental science	Book 6 Unit 4: "Global Warming" • global warming, pollution • the importance of protecting the earth	...
		Geography	Book 1 Unit 4: "Earthquakes" Book 6 Unit 4: "The Power of Nature"	电影: 《地球的一天》

（三）调整教学方式、培养核心素养

1. 科学导学，激发思维

课堂是实现核心素养发展、培养学生思维品质的主阵地，然而传统学习方式过分突出和强调接受与掌握，忽视发现与探索，导致学生的主动性、能动性、独立性不断被削弱，严重压抑了学生的学习兴趣和热情。以人教版必修三Unit 4 "Astronomy：the science of the stars Reading：How Life Began on the Earth" 为例，传统的导学案见表4–13–3。

表4–13–3 "Astronomy：the science of the stars Reading：
How Life Began on the Earth" 传统的导学案

Vocabularies	astronomy, atmosphere, system, violent, solid, explode, carbon, dioxide, oxygen, surface, planet, harmful, development, spread, method, depend, solar system, in time, prevent...from
Sentences	（1）What it was to become was uncertain until between 4.5 and 3.8 billion years ago when the dust settled into a solid gloke. P25 （2）It's exploded loudly with fire and rock. They were in time to produce carbon dioxide, water vapour, nitrogen, and other gases, which were to make the earth's atmosphere. P25 （3）What many scientists believe is that the continued presence of water allowed the earth to dissolve harmful gases and acids into the oceans and seas. P26 （4）Whether life will continue on the earth for millions of years to come will depend on whether this problem can be solved. P26
Questions	（1）What was there on the earth before life could begin? （2）Why do scientists think there has never been life on the moon? （3）Why did animals first appear in the seas? （4）Why did green plants help life to develop? （5）Why were mammals different from other animals?

　　显然，通过这样的导学案的学习，学生只是停留在课文中定位生词、识记词汇、被动地接受知识的阶段，并没有形成自己的思考能力，没有自主学习的过程。事实上，我们通过观察学生学习的过程可以发现，学生学习每一项技能之前都要先激活已有的知识与技能，即教师要为学生做建构支架，目的是开发学生的思维，让学生去自主探究、分析解决问题。为此，我们尝试把更多学习的主动权留给学生。在阅读课的导学案中主要使用了头脑风暴和思维导图这两种方法来让学生完成预习，把更多的权力下放给学生，有意识地培养学生的思维品质和学习能力（见图4–13–1和图4–13–2）。

Brainstorm:（list all the words and expressions related to astronomy）

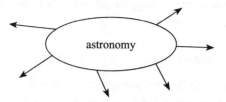

图4-13-1 核心素养下的导学案框架

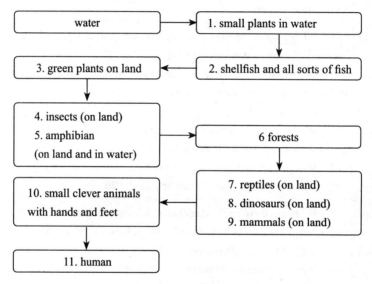

图4-13-2 "How Life Began on the Earth"核心素养下的导学案

2. 合理提问，深化思维

从英语课堂教学的角度来看，只要让学生在英语课堂上做事情，就有了思维培养的成分。阅读的本质（the nature of reading）是读者运用已经具备的语言知识、社会文化背景知识和学习策略，通过对书面文字符号的感知，分析、理解作者思想和情感的心理过程。阅读理解的程度由浅入深分为三个层次：表层文字理解（literal comprehension）、深层含义理解或推断性理解（interpretive/inferential comprehension）和评价性或创造性理解（critical/creative comprehension）。表层文字理解指读者对文章表层意义的理解（如文章的细节、思想、句与句之间和段与段之间的关系等）；深层含义理解指读者对作者所表达的含义的推断性理解；评价性理解指读者对阅读材料进行分析、综合、应用和评价。在这三个层次中，表层理解是深层理解的前提，评价性理解是在深层理解的基础上进行的。在科学板块中，学生的思维，尤其是批判性思维更应该受到我们的关注。

下面仍然以人教版必修三Unit 4 "Astronomy the science of the stars Reading：How Life Began on the Earth"为例。我们基于学生的认知特点，引导他们进行系统性的训练（见表4-13-4）。

表4-13-4　必修三Unit 4 "Astronomy the science of the stars Reading：How Life Began on the Earth"教学活动设计

教学过程	设计意图
Step 1: Lead in Students compete in groups to answer the following questions: Who are our ancestors? Do you know how life began on the earth?	通过竞赛、讨论、发散思维，激发学生的想象力与好奇心，为学生全面参与课堂做铺垫
Step 2: Prediction Get students to predict what will be talked about according to the title and pictures in the textbook	引导学生通过标题和观察图片预测课文主旨，从而有效预设学习目标
Step 3: Reading Get the general idea of the passage. Make the main idea of each paragraph. Work out the development of life by finishing the worksheet	通过skimming和scanning等阅读策略，引导学生关注文本内容，运用比较、分析等手段厘清语篇信息，从而培养他们的逻辑思维能力，同时掌握相关语言知识
Step 4: Discussion Get students to understand the last two sentences in the passage	通过开放性的讨论，引导学生通过小组合作对"地球生命得以不断延续"这一话题进行深度思考，启发学生积极思考解决问题的办法，提升他们的批判性思维能力和创造性思维能力
Step 5: Homework Review the passage to get more familiar with the development of life. Search more information on how to protect the earth	学生通过主动参与，激发多元思维，提升思维品质

除了培养学生的逻辑思维与批判性思维，我们在培养学生的概括能力方面也做了一些尝试。高考新题型概要写作评分标准明确指出：优秀的概要写作必

须理解准确、涵盖全部要点。学生能准确使用相应的语法结构和词汇，有效地使用语句间的连接成分，完全地使用自己的语言，使完成的概要结构紧凑。

以人教版必修二Unit 3为例。

（1）基于阅读母体，树立体裁意识。概要写作可能出现的体裁是记叙文、议论文和说明文。文章体裁是决定学生概要写作方向及难度的主要因素之一。当学生拿到文章时，首先要了解这篇文章属于什么体裁，不同体裁的文章交际目的也不同。记叙文通常写人物的经历和事物的发展变化，要求考生能串联where，when，what，who，how和why这几大要素，给读者讲一个内容完整、条理清晰的故事。议论文是说理性的文章，一般要提出观点论题，提供足够的证据，并使用一定的逻辑方法来论证观点或得出论题的结论。而说明文一般是用简洁的语言来介绍事物或者阐明事理。了解文章体裁最重要的一个目的就是让学生重视原文的语言交际性。

（2）构建层级要点，选取重要层面。在概要写作训练中，学生在要点取舍上有很大的障碍，所以在教学中，教师应有意识地从文章细节的梳理转为层级要点的构建。也就是要求学生分清哪一句是主要点，哪一些是依附于主要点的次要点。学生可以围绕文章中心，找准主题句、提炼关键词，确认主要的信息，如第一段的主题句是 "Over time, I have been changed quite a lot."。但是这段中细节较多，笔者认为可以提取部分细节性的要点来达到以次辅主的目的。摘取电脑发展变化中的首尾进行信息的补充，即 "From a calculating machine to laptops."。但是有些段落没有主题句，这时候通过分析段落内层次的逻辑关系来提取关键词就显得十分重要。

课例片段 1

人教版必修二Unit 3 "Computer Reading: Who am I?" 学生对标题的解读只是停留在指的是什么上。但是进一步分析之后，学生就会发现文章讲的是 "the history/development of computers, or the road to modern English."。因此，进行概要总结的时候应该以说明文的口吻进行，从而更好地传达作者的写作意图。

第二段中，我们引领学生通过besides，让学生明白该段落显然是一个并行层次，其中关键词应该是memory和network。通过关键词的信息合并，提取该段要点为 "These changes only became possible as my memory improved."，

以及 "But I was always so lonely standing there by myself, until in the early 1960s they gave me a family connected by a network. I was able to share my knowledge with others through the World Wide Web."。最后一段的主题句为 "Since the 1970s many new applications have been found for me.",但是通过anyhow这个词不难发现,下面一句话也是对上面一句话的总结。因此,在提取要点的时候我们要涵盖 "Anyhow, my goal is to provide humans with a life of high quality. I am now truly filled with happiness that I am a devoted friend and helper of the human race."。这个段落的中间部分 "I have become very important in communication..." 应从属于主题句 "many new applications"。

（3）转换要点信息,谋篇润色文章。在找到所有主要点之后,紧接着对要点信息进行语义转述。可以尝试句型的转化,如复合句简单句的转换、主动被动句式的转换等;也可以进行词义的替换,如近义词替代、正话反说法等。除此之外,还可以利用缩句缩词的办法,如将句子转为短语、将短语转为词等。

课例片段2

以人教版教材必修二Unit 3 "Computers Reading: Who am I?" 为例。要点一是 "Over time, I have been changed quite a lot.",以及辅助信息 "from a calculating machine to a laptop"。根据文章的体裁为说明文这一特点,可以通过人称转换、同义替换的办法将其改为 "The computer has developed a great deal, from a calculating machine to a laptop."。要点二为 "These changes only became possible as my memory improved",以及 "But I was always so lonely standing there by myself, until in the early 1960s they gave me a family connected by a network. I was able to share my knowledge with others through the World Wide Web."。我们紧扣关键信息these changes, memory和network,使用了关联词since和thanks,同时运用了缩句的手法,构建了前后的逻辑关系,将之合并为 "Since its first appearance (in France) in 1642, both its intelligence and memory have improved rapidly. Thanks to the latter, its size has grown smaller and smaller."。要点三是 "Since the 1970s many new applications have been found for me.",以及辅助信息 "I have become very important in communication..." 和devoted friend, help。为了使行文连贯,我们加了一个副词gradually,然后将其改为被动语

态，同时使用合并提炼的手法概括了次要点，将最后一要点改为"Gradually, its new applications have been widely used in helping human beings to live a better life, ranging from communication to universal exploration."。

总之，通过概要写作的微技能训练，学生能辨析语言和文化中的各种现象、分类、概括信息，展现了从知识输入到知识生成的严谨思维过程。

3. 科学评价，强化思维

教学形成性评估是相对传统的终结性评估而言的。所谓形成性评估，是"对学生日常学习过程中的表现、所取得的成绩以及所反映出的情感、态度、策略等方面的发展"做出的评估，是基于对学生学习全过程的持续观察、记录、反思而做出的发展性评估。建立形成性评估必须要遵循科学性原则、导向性原则、多元化原则、激励性原则、情感原则和可行性原则。因此，我们尝试总结师生评价反思表，对教师的教和学生的学都能起到一定的总结与导向作用（见表4-13-5）。

表4-13-5　Students' Assessment（以必修三Unit 4
"Astronomy：the science of the stars" Reading为例）

Self-evaluation	What am I able to do?
☐ Yes ☐ No	Able to guess the main idea of the passage with the help of the title and pictures
☐ Yes ☐ No	Able to get answers of the questions on the worksheet after previewing the passage
☐ Yes ☐ No	Able to remember the development of life on the earth
☐ Yes ☐ No	Able to communicate with the classmates and share ideas on how to make it possible for life to continue on the earth in millions of years to come
☐ Yes ☐ No	Able to have the awareness of environmental protection

Students' Reflection：

（1）Have all the learning aims been achieved?

（2）Have I learnt a lot in the lessons?

（3）What can be improved?

（4）Am I able to think logically and critically?

五、课题研究效果与反思

（一）课题研究效果

首先，本课题的研究丰富了教学资源，优化了教学结构。同时通过课外读物整合了人教版教材、网络资源等，并开发了一些相关校本教材。

其次，转变了教师的观念，明确了教学目标。教师认识到自己在教学中的任务不仅是语言知识的传授，还要依托科学主题板块内容，根据英汉两种语言的异同、联系制定合理的教学设计，使学生拓宽视野、开放胸怀，形成良好的思维品质（见表4-13-6）。

表4-13-6　课题实施前后教师的教学模式

时间	课题实施前	课题实施后
教师的教学模式	目标在于眼前的分数	立足于学生长远的发展
	按照书本宣讲	整合教学资源
	教师为主体	学生为中心
	填充式授课	启发式教学

最后，学生的英语学科核心素养，尤其是思维品质有了很大的发展。例如，在口语课堂中，通过教师给学生设置问题"What can we do when an earthquake occurs?"为学生设计解决问题型任务，让学生找出解决的办法，培养了学生的创造性思维。又如：通过讨论、辩论、角色扮演等活动，让学生学会批判性地思考，学会科学地表达自己的观点；通过辩论，发展了学生的思辨能力，学生尝试表达自己的看法并说服别人，锻炼了自己的逻辑思维能力。在阅读中，学生不再停留于对文本内容简单的梳理，而是善于使用思维导图，加强逻辑思维能力的同时，善于发现问题，对文本内容提出疑问甚至是批判。

（二）我们的反思

当然，我们在不断学习、优化教材、转变观念的同时，也应不断更新自己的教学手段。正如《新课标》强调：英语课程应从培养学生的学习兴趣入手，最大程度地发挥学生的潜在能力，使学生积极主动地参与学习的全过程，将学习变成学生自觉、自愿、高兴的事，让学生做学习的主人。这就要求教师在课堂上通过创设情境、鼓励表达、引导学生反思等手段，重点培养学生的沟通与合作能力。"核心素养"的培养，其实就是教学改革与创新的过程，是一个教师与学生角色、地位的转化过程。唯有让学生做学习的主人，建立高效的课堂，进行有效的评价，才能让英语学科核心素养得到落实，让学生成为有良好的语言能力、文化品格、思维能力和学习能力的高素质人才。

参考文献

［1］林崇德.21世纪学生发展核心素养研究［M］.北京：北京师范大学出版社，2016.

［2］夏谷鸣.作为英语学科核心素养的思维品质内涵分析［J］.兴义名族师范学院学报，2018（03）：84–87.

［3］王蔷.从综合语言运用能力到英语学科核心素养——高中英语课程改革的新挑战［J］.英语教师，2015，15（16）：6–7.

第十四节　发展学生核心素养的Media主题教学设计①

浙江省回浦中学课题组

一、课题的提出

（一）现实背景

21世纪，核心素养研究已经成为一种世界范围的教育流。美国、英国、澳大利亚等国家逐步将教育标准的重点从学科内容、教学过程转向学生核心素养的培养和学科核心能力的塑造，学科核心素养体系的构建已经成为国际教育改革的趋势。

2014 年 3 月，教育部发布了《关于全面深化课程改革落实立德树人根本任务的意见》明确提出：要加快制定学生核心素养体系，并把核心素养落实到学科教学中，促进学生全面而有个性的发展。正是在这样的背景下，母课题组成员在多年的英语教学实践基础上，提出了"发展学生核心素养的高中英语教学设计"的课题研究。而子课题——"发展学生核心素养的媒体主题板块教学设计"，重在发展学生核心素养，研究指向文化板块中以媒体为主题的单元教学及评价设计。

---

① 本文系浙江省教育科学规划课题"发展学生核心素养的高中英语教学设计"的子课题研究报告（课题编号：2016SC27914）。

子课题负责人：汤谢红；课题组成员：余晶晶、严慧星、杨海兵、叶福兵；执笔人：汤谢红。

（二）国内外研究综述

近年来，学科核心素养的研究虽也已涉及语文、数学、英语、地理、科学、品德等各个学科，但是从单元教学设计层面入手的研究并不多。国内外关于媒体素养的探索一共经历了三次浪潮：第一次是在1930年至1970年，主要以倡导媒体素养教育为主；第二次是在1980年至1995年，世界上许多国家将媒体素养教育设置为必修课程；第三次是从1996年至今，媒体素养向纵深方向发展，奠定了媒体素养的跨学科性。另外，国内外学者普遍认为，媒体素养是一种能力，包括获得（access）、分析（analyze）、评价（value）和交流（communicate）四个方面。

综上，本课题的研究是值得深入进行的。

（三）本课题研究的理论与实践困惑

一直以来，本课题组教师在做媒体相关单元教学设计时，基本是以语法、翻译法为主要教学内容，注重词汇、语法知识的讲解，忽视目的语国家文化知识的教授，使得学生文化意识形成较晚和跨文化交际能力较弱。另外，在教学实施过程中重视学生语言知识的获得，而轻视学生学习能力、思维品质等的发展。具体问题主要体现在以下几个方面。

（1）重语言知识传授，轻文化知识渗透。媒体相关单元教学设计主要集中在英语词汇、语法和阅读这三方面，对英语国家相关媒体介绍却很少涉及，缺少相关学习资源整合。

（2）教学方法比较单一，以教师讲解为主，学生被动地接受信息。课内情境设置不足，课后没有语言环境，学生缺少锻炼机会，无法进行媒体主题的相关语用功能在具体语境交际中的运用。

（3）评价内容局限于语言知识，对学习能力、自我反思和自我调控等思维能力的培养较少涉及。

目前基于发展学生核心素养的媒体主题板块的单元教学设计还非常稀缺。如何帮助教师基于核心素养厘清教学目标、把握教学重点，有效实施教学是本课题需要突破的一个重点。更重要的是让教师在这些要素背后清楚地认识到目标确定、整体设计、分步推进、环环相扣的设计思路，以及关注英语学科的核心理念和发展学生的核心素养的方法。

二、课题的目标

（一）研究目标

（1）媒体相关单元教学内容的分析。通过挖掘文本背后的相关背景知识，分析教学内容中的文化知识渗透与提升学生英语学科核心素养中的文化品格这一维度的关联度。

（2）媒体相关单元基于核心素养的层级结构分解。帮助教师对单元教学进行整体性把握。

（3）媒体相关单元的教学设计。侧重研究如何在教学中渗透有助于发展学生思维品质和学习能力的环节。

（4）媒体相关单元的评价设计。应侧重研究增加对学生思维品质和学习能力的测试。

（二）效果目标

1. 学生的发展

学生在教师构建的基于核心素养的媒体主题板块教学设计的引领下，以主题意义探究为目的，以语篇为载体，在理解与表达的语言实践活动中，融合知识学习和技能发展，通过感知、预测、获取、分析、概括、比较、评价、创新等思维活动建构知识，在分析问题和解决问题的过程中发展思维品质，形成文化理解，学会学习，塑造正确的人生观和价值观，促进英语学科素养的形成与发展。

2. 研究团队的成长

通过本课题的研究，课题组教师在教学设计、教学能力及科研水平上都有不同程度的提升。

三、思路与框架

本课题研究的基本思路是：根据高中英语学科相关的核心素养框架（见图4-14-1），以及母课题所搭建的基于核心素养的教学设计的一般框架，探寻基于核心素养的文化主题板块—媒体主题板块的单元教学活动、学习活动和评价活动设计的一般框架（见图4-14-2），即以英语学科核心素养为指引，对媒体主题板块涉及的单元教学内容进行分析，层级分解单元教学目标，进行相应的教学活动、学习活动以及评价活动设计，并在教学实施过程中不断调整、改进、反思，以达成学生核心素养发展的总目标。

图4-14-1 英语学科核心素养框架

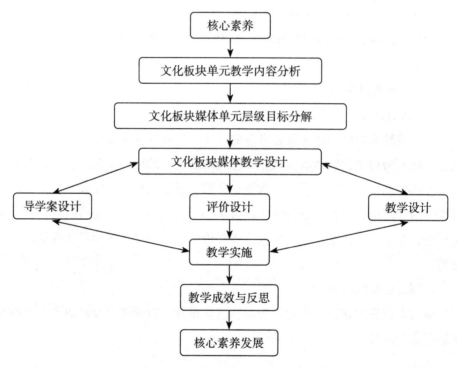

图4-14-2 媒体主题板块单元教学设计框架

四、课题的研究内容

（一）媒体主题板块单元教学活动设计的理论依据

1. 文化的定义

有关文化的定义，国内外学者从不同角度给出了不同的说法。人类学家爱德华·伯内特·泰勒（Edward Burnett Tylor）对文化的定义产生了很大的影响，即"所谓文化和文明是包括知识、信仰、艺术、道德、法律、习俗以及包括作为社会成员的个人获得的其他任何能力、习惯在内的一种综合体"。他所强调的是知识、习俗、能力、习惯等，而不是具体的实物。本课题正是根据泰勒对于"文化"的定义，聚焦本课题的研究对象，以人教版必修五Unit 4 "Making the News"为例，设计利于发展学生英语学科核心素养的教学环节。

2. 语言知识教学与文化渗透的关系

语言与文化密不可分、互相影响。文化是语言产生的基础，语言的发展也要以社会文化的动态发展为基础。语言是文化的重要载体并反映文化，文化通过语言得以传承并表现。每一种语言都是在特定的社会历史环境中产生和发展起来的，每一种语言又都反映使用该语言的国家和民族在不同的社会历史时期所特有的文化现象。因此，以人教版必修五Unit 4 "Making the News"为例，单元教学设计应侧重研究设计符合学生语言能力，并能促进学生语言能力、思维品质、学习能力等素养提升的活动，如模拟采访预约，模拟新闻采访，设计班报、校报，学写新闻短讯，等等。

（二）文化主题板块——媒体主题板块的单元教学活动设计（以人教版必修五Unit 4为例）

1. teaching material教材分析

本单元是《新课标》人教版必修五Unit 4内容，中心话题是"新闻"，内容涉及讨论报社工作人员的类别和职责、新闻工作者应该具备的素质和新闻采访的基本程序，思考一个优秀的文字记者和摄影记者应该具备的素质、"新闻"写作的步骤和见报前的有关程序等。语言技能和语言知识主要围绕"新闻"这一中心话题进行设计。本单元的话题较新颖，对学生具有吸引力，很容易开展课堂活动，应注意与时事、校园新闻相联系。

2. 单元素养分解和教学目标

根据主题材料和学情进行素养层级分解，确定学习目标，其内容见表4-14-1。

表4-14-1　必修五Unit 4 "Making the News" 素养层级分解

一级	二级	三级	四级
语言能力	认知并掌握新闻媒体知识（输入）	认知掌握相关新闻词汇	reporter, editor, photograph, photographer, recorder, case, section, edition, polish, note, process, scoop
		认知掌握其他词汇	occupation, colleague, eager, concentrate, course, acquire, meanwhile, trade, case, accuse, deliberately, guilty, technical, technically, thorough, gifted, defend, crime, normal, seldom, department, task, accurate, employ, chief, approve, process, intention, appointment, senior, assignment, professional, accusation, bribe, deny, imaginative, concise, idiomatic, negative, hint
	理解文本具体信息（内化）	获取文本具体信息	了解新闻工作者应具备的素质和新闻采访的基本程序，了解文中"独家新闻"中新闻报道的步骤和见报前的程序等一般信息，了解一名合格记者要注意的要点等具体信息
		新闻采访	模拟简单的新闻采访，如影视、体育明星、名人、伟人等
	解释并重组文本信息（内化）	解释、归纳、概括文本内容	阐释标题意义；概括文本和段落主旨大意；重组文本信息，概括文本内容；把握文脉，厘清上下文逻辑关系
	积累并欣赏文本语言（内化）	模仿并欣赏文本	品味新闻语言的独特之处，以及新闻图片的遴选与新闻排版的美感因素等；解释分析含有倒装结构的复杂句子；欣赏结构复杂、表达优美的句子，模仿并记忆优美句子
	交流并迁移（输出）	口头、笔头表达新闻信息知识	听懂他人新闻采访，如影视、体育明星、名人、伟人等；学会如何表达预约采访（making appointments）等；有效运用采访等手段进行沟通
文化品格	认知并理解新闻文化		能够理解并吸收本单元涉及的新闻制作相关的文化精华，并能结合实际，发展创新、灵活渗透
	认识文化传播手段——媒体		了解文化传播手段——媒体，关注并积极参与文化传播与交流；在运用英语语言的过程中，初步形成对新闻的特点，新闻与人、社会等关系的思考和认识
	理解世界文化与民族文化关系		熟悉各国主要新闻媒体，尤其是我国一些知名媒体等的相关知识；熟悉国际通用的新闻制作要点，以及本国或本地新闻制作应注意的问题

续 表

一级	二级	三级	四级
思维品质	新闻判断思维		初步学会对全球性事务进行判断；学习相关的国外知名媒体新闻制作、报纸制作、电视节目制作等相关知识，拓宽文化视野。熟悉各国主要新闻媒体，尤其是我国的一些知名媒体等相关知识；用全球意识来看待现如今五花八门的媒体爆料的各种新闻
	分析推断概括信息		分类、概括信息；分析、推断信息的逻辑关系；正确评判各种思想观点，理性表达自己的观点，具备初步运用英语进行多元思维思考的能力
学习能力	自主学习	搜索相关新闻阅读与制作知识	利用网络、报刊等阅读更多有关新闻写作、报纸制作及电视节目制作等资源，尤其是利用英语阅读有关新闻等；能读懂英文的新闻标题、新闻图片等素材；尽可能地阅读一些适合中学生的英文报纸
		预习课文生词、结构等知识	预习词汇，记忆词汇的音、形、义；查阅词典，初步学会词汇运用；自学课文内容，提出问题
	反思调控学习		对照目标，反思单元学习得失；总结单元学习，评价学习结果，调控学习策略

3. 教学设计与说明

围绕分解后的教学目标，设计了四个教学步骤、七个教学活动，其内容见表4-14-2。

表4-14-2　必修五Unit 4 "Making the News" 学习活动设计

文化主题板块—媒体主题板块	Teaching material: My first assignment "Unforgettable", says new journalist	Other resources（拓展学习材料）: see appendix
学习目标（objectives）: （1）Students will be able to learn the useful new words and expressions concerning news making. （2）Students will be able to talk about the qualities needed to be a good reporter and how to conduct a good interview. （3）Students will be interested in newspapers and the basic procedures of making the news. （4）Students' sense of cooperative learning will be motivated. 教学媒体：多媒体课件、各类报纸		

217

学习活动设计	设计说明
导入： 活动一：热身 Everyone has unforgettable moments in his/her life. Think about your first day at school, being far away from home, your first day abroad …	着眼unforgettable moments，引起共鸣，顺利导入本课话题
文本解读： 活动二：整体阅读 （1）Could Zhou Yang go out on a story alone immediately? Why (not)? （2）What mistakes must he avoid? （3）How did Zhou Yang feel on his first day at work? 活动三：新闻词汇阅读 （1）Cover a story: to report on an important event （2）Have a "nose" for a story: be able to tell whether is a true story （3）A trick of the trade: clever ways known to experts （4）Get the fact straight: to present ideas fairly （5）Get the wrong end of the stick: not to understand properly （6）How the story goes: this is the story （7）A real "scoop": a piece of hot news 活动四：细节阅读 （1）What a new reporter should do on the first day? （2）What a reporter needs to remember when going out to cover a story?	从训练学生对文本的整体阅读能力入手，发展学生获取信息的语言能力和分析归纳的思维品质。 扫清阅读障碍，通过学习相关新闻词汇，发展学生相应的语言能力，进而提升其文化品质。 训练学生捕捉细节信息的能力，从而发展其语言知识能力。同时通过归纳一个优秀记者应具备的品质，发展学生分析、概括能力等思维品质
活动五：分析、概括、重组、口语输出 Students work in pairs to discuss which adjectives in the box on page 27 can be used to best describe what is required for a reporter and a photographer respectively	训练学生合作意识，以及将所学词汇进行运用的口语表达语言素养。
活动六：评价、创新，内化、综合运用——口语输出 Would you like to be a journalist in a famous newspaper? Why or why not? 活动七：综合运用——研究型学习 （1）Do researches about well-known media around the world, be ready to present to whole class next period. （2）Read news on *China Daily*	训练批判性思维，同时提升口语表达语言素养。 学习相关的国外知名媒体新闻制作、报纸制作、电视节目制作等相关知识，提升相应的文化品格
Appendix： 喜马拉雅FM　VOANEWS 在线听（音频）	

从表4–14–2可以看出，有了以上基于核心素养的层级分解的单元教学目标的指引，教学过程的设计就有章可循了，从课前讨论到引导学生学习、梳理语篇，概括提取信息，思考优秀记者必备的品质并了解新闻采访的大概步骤，再到组织学生讨论是否愿意当一名知名报社的记者并陈述理由，环环相扣，步步提升。

（三）单元学习活动设计

基于核心素养的媒体单元学习活动设计就是通过培养学生对英语学习的兴趣，进而引导学生独立自主的学习，有效提高学生综合能力发展而设计的一种学习方法。教师应将教材中的知识点融入创设的课堂情境中，通过一个个探索性的问题引导学生进入自主学习。在问题的解决中，提高学生的独立思考能力。学案中学习目标的设计，疑难问题的提示，解题思路、方法和技巧等指导性内容要素，构成一条明晰的学法线。另外，教师对学生因材施教，要让学困生受到鼓励，中等生看到激励，优等生看到挑战，使不同层次的学生都能得到发展。无论在哪个层面上，都要让学生到"最近发展区"去发展（见表4–14–3）。

表4–14–3　必修五Unit 4 "Making the News" 学习活动——词汇预习活动设计

学习目标	设计说明
（1）阅读课文，熟练背诵单词：delighted，profession等。探究问题，在速读中获取主人公周扬初当记者的第一个难忘回忆的信息。 （2）通过快速阅读，交流研讨和合作探究，了解作为记者应具备的条件以及如何采集新闻等。 学习重点： 在阅读中熟记生词并理解课文。 学习难点： 快速阅读课文，捕捉与主题相关信息。初步体会倒装句式在英语句子中的使用方法。 基础导学 词汇过关 A级（必会部分）： journalist_____　　editor_____　　photographer_____ assignment_____　　assistant_____　　profession_____ colleague_____　　amateur_____　　appointment_____	学法指导： （自学要求：在安静的学习环境中，借助教材和工具书独立思考，不可以抄袭。） 充分预习本课遇到的单词，并尽可能记住它们 A级为全体学生都要掌握的 B级为中等以上学生要掌握的 C级供学生选学

续 表

学习目标			设计说明
case_____	involve_____	so as to do_____	
inform_____	acquire_____	thorough_____	
technical_____	be eager to do_____	accuse sb. of_____	
be delighted to do sth_____			
其他你认为重点的单词或短语：_____			
B级：			
department_____	demand_____	concentration_____	
negative_____	housewife_____	interviewee_____	
dilemma_____	deadline_____	assist_____	
meanwhile_____	assess_____	publish_____	
update_____	tell the truth_____		
professional_____	keep sth in mind_____		
C级：			
accusation_____	approve_____	process_____	
polish_____	section_____	edition_____	
skeptical_____	submit_____		
deliberate_____	guilty_____		
你的补充：_____			

（四）基于核心素养文化主题板块——媒体主题板块的单元评价活动设计

课堂教学评价是教学的重要组成部分，是促进学生主动学习的有效手段。教师多样、灵活、生动、丰富的评价方法，能使学生如沐春风，让课堂充满勃勃生机。教师的评价语言机智多变、评价方法灵活多样、评价过程充满人文关怀、是时代的呼唤。

基于英语学科核心素养的教学评价应以形成性评价为主辅以终结性评价、定量评价和定性评价，注重评价主体的多元化、评价形式的多样性、评价内容的全面性和评价目标的多维化。评价结果应能全面反映学生英语学科核心素养发展的状况和水平，发挥评价的激励作用和促学功能，对英语教学形成正面的反拨作用。

以下以"Making the News"为例，分别从形成性评价和终结性评价两个方面对教学与学习活动进行评价。

1. 形成性评价

形成性评价之教师的自我评价与反思，目的是使教师对照发展学生学科核心素养的要求，以及据此进行的单元教学目标的层级分解，获得教学反馈的信息，对自己的教学方法进行反思和调整，不断提高教育教学水平。

Teachers' Reflection

（1）Have all the teaching aims been reached?

（2）Have all the students learned a lot in the lesson?

（3）What problems and difficulties did I meet while teaching?

（4）What can be improved?

形成性评价之学生的自我评价与反思（见表4-14-4），目的是使学生在英语学习过程中不断体验进步和成功，认识自我、建立自信，调整学习策略，促进英语学科核心素养的发展。

表4-14-4　Students' Assessment

Self-evaluation	What am I able to do?
□ Yes □ No	Able to get familiar with the background information in the guided learning worksheet
□ Yes □ No	Able to master and apply the target vocabularies and phrases properly in some contexts
□ Yes □ No	Able to know different parts of speech of the words which are listed in the guided learning worksheet
□ Yes □ No	Able to get answers of the questions after previewing the passage
□ Yes □ No	Able to tell the main process of making the news
□ Yes □ No	Able to find the structure and main idea of the passage
□ Yes □ No	Able to tell the qualities a good journalist should have
□ Yes □ No	Able to know the meaning of some terminology for media
□ Yes □ No	Able to communicate with the classmates and share ideas on how to make a newspaper
□ Yes □ No	Able to report some simple news in English
□ Yes □ No	Able to have the awareness of cultural effect the media may have on people

Students' Reflection：

（1）Have all the learning aims been achieved?

（2）Have I learned a lot in the lessons?

（3）What are the problems and difficulties when reading the passage?

（4）What other aspects related to making the news or a newspaper do I want to know more?

2. 终结性评价

根据《新课标》的要求，在设计终结性测试时，为有效提升学生的英语学科核心素养，发展学生的学习策略、应答策略以及思维品质，尤其应关注以下两个角度。

（1）题目尽量适合学生的生活经验、心理特征和认知水平。

（2）答题方式灵活多样，增加开放性问题，避免引起学生焦虑（详见 Assessment Ⅱ for Book 5 Unit 4）。

Assessment Ⅱ for Book 5 Unit 4 Module 5

I. Fill in the blanks with the proper form of the given word.

1. Building such a skyscraper is not easy； we must have enough _____（专业） engineers.

2. It was by accident that he broke the valuable vase.He didn't do that _____（故意）.

3. He _____（获得） a knowledge of computers by careful study when at college.

4. Please state your name, age, and _____（职业） on the form.

5. The handsome man over there is Mr. Rain, one of my _____（同事）.

6. He will only see you by _____（约会，约定）.

7. I don't _____（赞成） of smoking in bed, which may lead to a fire.

8. After a hard day's work, I feel _____（彻底） tired.

9. Visitors to the museum are not allowed to take _____（照片）.

10. They will be here in ten minutes. _____（在此期间）, we'll have some coffee.

II. Replace the underlined part with an expression learned in this unit.

1. He denied taking a bribe, which the police were <u>doubtful about</u>.

=He denied taking a bribe, which the police were skeptical of.

2. Everything has been fixed <u>in advance</u> and the plan goes smoothly.

= Everything has been fixed ahead of time/schedule and the plan goes smoothly.

3. We will be more than <u>pleased</u> if you can accept our invitation to the party.

= We will be more than delighted if you can accept our invitation to the party.

4. The man was <u>charged with</u> the car theft by the police.

= The man was accused of the car theft by the police.

5. The talks will <u>focus on</u> economic development of the region.

= The talks will concentrate on economic development of the region.

III. Fill in the blanks with the proper form of the given words according to the reading content in this unit.

Zhou Yang's first assignment was at the office of *China Daily*. At the first time, Hu Xin, his new boss, sent him with an experienced reporter and a photographer to cover the story. Before going out to work, he told him to be curious and must have a "nose" for the story and listen to the speakers _____ （careful） in order to grasp the detailed facts. He also advised him to _____ （prepare） the next questions _____ （depend） on what the person says, use a small recorder to get all the facts straight, if permitted by the _____ （interview）, and finally judge whether the interviewed person is lying or not. Zhou also learned more about a case where a football player accused the journalists of getting the wrong end of the stick, and the footballer later was found （find） guilty of taking bribes.

IV. Share your opinions.

1. Did you enjoy the unit?

Yes   So–so   No

2. Did you learn a satisfactory amount of English?

Yes   So–so   No

3. Were you active to express yourself in class?

Yes   So–so   No

4. What did you particularly like about this unit?

5. What suggestions do you have for the teacher's improvement? Or what do you want to say to the teacher?

五、效果与反思

基于英语核心素养的教学设计，与传统的教学设计相比，能更有效地达成教学目标，有利于课堂教学的顺利完成，使学生在教师构建的教学设计的引领下，有效地完成知识的学习和技能的发展，在分析问题和解决问题的过程中，发展思维品质，形成文化理解，提升学习能力，促进英语学科素养的形成与发展。

但是单元设计不可能一蹴而就，也不可能一劳永逸。在学校层面，在实践层面，对单个课时的教学研究有很多，但是对单元设计，尤其是基于发展学生核心素养的单元设计研究却很少。因此，希望本课题的研究能起到抛砖引玉的作用，产生一定的实践和推广价值。

参考文献

［1］张开.媒介素养概论［M］.北京：中国传媒大学出版社，2006.

［2］蔡清田."核心素养"：新课程改革的目标来源［N］.中国社会科学学报，2012–10–10（B01）.

［3］裴新宁，刘新阳.为21世纪重建教育——欧盟"核心素养"框架的确立［J］.全球教育展望，2013，42（12）：89–102.

［4］中华人民共和国教育部.普通高中英语课程标准（2017年版）［M］.人民教育出版社，2018.

附　录

附录1 《发展学生核心素养的高中英语教学设计》
总课题活动一览表

序号	时间	地点	主题	合作单位	主讲人（负责人）及活动
1	2015年5—10月	浙江省临海市回浦中学	课题前期准备工作，搜集"核心素养"的文献资料，布置暑期读书活动	回浦中学	工作室领衔人任美琴老师负责总课题的规划、设计，负责撰写课题申报表
2	2015年11月	金华外国语学校	"全国基础教育英语课堂教学改革高端论坛暨'江、浙、沪'名师教学观摩研讨活动"阅读课堂观摩	浙江省外语教学研究会、浙江师范大学	浙江省特级教师葛炳芳，课程标准专家组成员程晓堂教授开设讲座；课题组教师做课堂教学展示
3	2016年1月	浙江临海市	省规划课题被立项，正式开题；规划子课题申报工作	名师工作室、回浦中学	任美琴老师规划子课题的申报工作
4	2016年3月15日	浙江临海回浦中学	课堂观摩研讨：核心素养的高一读写学习活动；课题研讨，外请专家浙江大学教授开设讲座"English, Globalization and Personal Growth"	工作室与回浦中学	课题组曹军喜老师开设阅读课 Unit 5 "The Band That Wasn't"。讨论课题研究方向；任美琴老师对学员进行课题指导；浙江大学博导庞继贤教授开办讲座
5	2016年5月	……	14项子课题被立项	台州市教科所	14项子课题聚焦"核心素养"的不同板块，涵盖人教版教材的所有话题

续表

序号	时间	地点	主题	合作单位	主讲人（负责人）及活动
6	2016年6月16—17日	仙居中学	同课异构研讨课：核心素养培养的高二阅读学习活动"A Trip on the True North"，听取聚焦学生核心素养的培养及思维在外语课堂教学中的体现	任美琴名师工作室、张仙女仙居工作室、仙居中学全体英语老师	王一、王文召两位老师开设同课异构研讨课，张仙女和靳燕评课；特级教师夏令鸣开办专题讲座；工作室成员介绍子课题的研究思路和设想，任美琴老师再次指导
7	2016年9月28—29日	回浦中学	子课题中期检查，外请专家台州学院王少非教授进行课题指导	任美琴名师工作室	王少非教授为成员课题点评和指导；导师课题集体与个体答疑和指导；讨论课题中期成果——新英语高考英语写作教学事宜
8	2016年10月27—28日	台州中学	课堂观摩：核心素养培养的高二、高三英语写作活动；外请专家程晓堂教授（国家课程标准核心组专家）开设讲座"从四个维度谈英语学科核心素养"	任美琴名师工作室、台州中学、回浦中学	专家程晓堂教授开设讲座、公开课；杨柳红和阮慧健开设公开课；首届名师工作室成员李昌杰和吴超玲老师评课；台州市英语教研员对两节课进行点评；课题中期成果汇报，任老师对上一阶段各学员所取得的成果给予了高度肯定，并确定了下一阶段工作目标和任务——完成选修六与选修七两本教材中核心素养导向的概要写作或读后续写作的教学设计与学生导学学材料的开发工作
9	2016年11月18—22日	重庆	第十届高中英语课堂教学观摩培训活动	中国教育学会外语教学研究会	工作室成员在领衔人的带领下观摩了由来自韩国和我国各省、市的教师讲授的32节课。其间，专门进行课例分析，结合课题探讨新课标下的课堂教学新动态

续表

序号	时间	地点	主题	合作单位	主讲人（负责人）及活动
10	2016年12月15—16日	仙居中学	台州市高考课堂教学研讨会——聚焦核心素养的读写微技能课堂	任美琴工作室、赖朝晖工作室、台州市教研室	两个工作室成员开设了阅读课公开课（同课异构）First Impressions，靳燕老师开设讲座"以读促写"在高中英语阅读教学中的探索，任美琴老师点评教学设计，台州市教研员梁美珍老师做总结性发言
11	2017年2月15—16日	回浦中学	课题学习交流、高考英语写作教学讨论活动	任美琴名师工作室成员、课题组老师	总课题解读，对子课题研究进行集体研讨指导；任老师指导，课题组的所有成员就各自的子课题进行汇报；高考英语写作教学书稿修改和审稿
12	2017年5月11—12日	回浦中学	子课题中期检查；读书报告；外请专家台州市教科所张国荣老师指导讲座"课题研究中应该注意的几个问题"	任美琴名师工作室、课题组老师	《新课标高中英语读后续写与概要写作指导》于2017年4月由浙江教育出版社正式出版，杨柳红、邵长真、曹军喜、王文召、莫晓燕进行了该书分享；张国荣老师做专题讲座指导；张国荣老师和领衔人任美琴老师对各个子课题进行个体指导
13	2017年6月25日	网络交流	网络交流研讨、布置子课题研究相关任务	任美琴名师工作室	任美琴工作室学年工作总结，布置子课题修改任务
14	2017年8月31日—9月1日	温岭市第二中学	基于核心素养发展的课堂教学研讨——Unit 3 "Reading: Journey down the Mekong"，Unit 3 "A master of nonverbal humour"，Unit 4 "A letter home"。外请专家上海特级教师徐继田老师做"核心素养下的课堂教学"专题讲座	任美琴名师工作室、温岭市教研室	任美琴老师对子课题第二次进行个体指导；徐丹婷老师，莫晓燕老师开设阅读研讨课，张卫老师开设评课；舒丽萍、张仙女、吴超玲三位老师进行评课；上海特级教师徐继田开设讲座；任美琴老师做总结发言

续 表

序号	时间	地点	主题	合作单位	主讲人（负责人）及活动
15	2017年11月	金华	第二届全国基础教育英语课堂教学改革高端论坛暨"苏、浙、沪、京"名师英语阅读有效教学观摩研讨活动	浙江师范大学、浙江省外语教学研究会等	课题组曹军喜老师开设了阅读课"A Night in the Jungle"
16	2017年11月	北京	全国外语教学研究会年会	全国外语专委会年会	杨柳红老师做了"A Letter to an Architect"教学设计大会的发言
17	2017年12月	广州	第二届中学英语创新课例观摩培训会	中国教育技术协会中小学外语教育信息化应用工作委员会、北京师范大学外国语言文学学院	曹军喜老师开设阅读课"Healthy Eating"
18	2017年12月13—17日	深圳	基于核心素养的听、说、读、写微技能课堂观摩与国际部外方校长Terry老师英语听说课；专家讲座	深圳外国语学校郭华工作室	任美琴名师工作室成员一行到深圳外国语学校交流研讨；广东省特级教师郭华与英语特级教师、深圳市南山区教育科学研究中心主任禹明教授为工作室成员做了精彩的讲座
19	2017年12月	网络交流	子课题汇总，上交结题申请表和结题报告	任美琴名师工作室	14个子课题如期上交结题材料并顺利结题
20	2018年1月25日	网络会议	工作室总结会议、工作总结与子课题总结	任美琴名师工作室	任美琴老师主持，工作室成员相互交流、探讨

续 表

序号	时间	地点	主题	合作单位	主讲人（负责人）及活动
21	2018年3月	上海市复旦大学附属中学校（青田分校）	沪浙高中英语听说读、写、教学研讨与交流。交流主题：优化课堂教学，培育核心素养。交流形式：专家讲座、教师交流	任美琴名师工作室，上海青田区高中英语学科教师研究基地，上海市陆跃勤工作室	杨柳红老师执教读写课 Theme Parks，复旦大学附属中学青浦分校魏畅畅老师开设了听说课 Living in Harmony；阮慧健、郝明两位老师评课；青浦区教研员郝明老师做了讲座"读写结合性的教学设计与实践"，任美琴老师做了"指向核心素养读写教学设计"的专题报告
22	2018年4月24—25日	大田中学	基于核心素养的课堂教学活动、课程标准解读	任美琴名师工作室、临海市教研室、新疆阿拉尔市名师工作室	丁思思老师开设读写结合课 "Advice from Grandpa"，王文召老师开设阅读课 "Million Pound Bank Note"，赵奔奔老师评课；浙江省教研员葛炳芳老师对新版课程标准进行了解读；任美琴老师做总结性发言
23	2018年6月	网络交流	网络交流研讨，工作总结，课题推广要求布置	名师工作室	当前学年工作总结、论文写作、成果推广要求布置
24	2018年9月27—28日	回浦中学	如何撰写论文（课题成果推广指导）	任美琴名师工作室、王少非工作室	王少非教授及其团队做论文写作指导。工作室领衔人任美琴老师分享课题题成果，撰写结题报告
25	2018年11月29—30日	台州一中	学科核心素养下的阅读与写作教学；外请专家讲学	任美琴名师工作室、台州市教研室	靳燕、蔡玲丽两位老师何小怡老师开设写作与阅读课，任美琴老师做省特级教师的课堂教学以及原创命题辅导；外请浙江省特级教师
26	2018年12月		结题申报		结题报告定稿，资料分类整理

附录2　多模态主题学习资源群（部分）

课程主题	主题群	单元主题语境	拓展学习资源推荐
人与自我	1.生活与学习 2.做人与做事	1. 健康的生活方式、积极的生活态度〔人教版Book 3 Unit 2 "Healthy Eating"（健康饮食）〕 2. 优秀品行，正确的人生态度〔人教版Book 7 Unit 1 "Living Well"（健康生活）〕	1.①外研版必修2 Module 1 "Our Body and Healthy Habits"；②牛津上海版Module 3 "Food for Thought"，Unit 5 "Think Before You Eat"，Unit 6 "Fun food"；③ TED Speech Video（视频）："The World's Killer Diet. Teach Every Child about Food" 2.①牛津上海版高三上 Module 1 "The People around US"，Unit 1 "Reaching Out"；②牛津上海版高三下 Module 2 "Caring about Your Future"，Unit 3 "It's not Just a Job"；③ TED Speech Video（视频）："How to Speak so That People Want to Listen"
人与社会	1.社会服务与人际沟通 2.文学、艺术与体育 3.历史、社会与文化 4.科学与技术	1. 良好的人际关系与社会交往〔人教版Book 1 Unit 1 "Friendship"（友谊）〕 2.艺术代表作品和人物〔人教版Module 6 Unit 1 "Art"（艺术）〕 3．文化遗产〔人教版Book 2 Unit 1 "Cultural Relics"（文化遗迹）〕 4.科技发展与信息技术，科学精神，信息安全〔人教版Book 2 Unit 3 "Computers"（电脑）〕	1.①牛津译林版 Module 5 Unit 1 "Getting along with others"；② VOA Special English: We Really Need to Talk about Your Friends 2.①外研社必修2 Module 4 "Fine Arts-Western, Chinese and Pop Arts"；② "Travel China Guide: Chinese paper-cut" 3.①外研社选修7 Unit 6 "The World's Cultural Heritage"；② "Chinese Cultural relics: Ancient Architecture"；③视频 BBC 纪录片：The Story of China 4.①牛津上海版高二上 Module 3 "The World of Science"，Unit 5 "Technology All around US"；②外研版必修1 Module 6 "The Internet and Telecommunications"；③外研社必修3 Module 5 "Great People and Great Inventions of Ancient China"；④BBC News（音频）："Can We Trust a Smart Speaker?"；⑤视频：马云在纽约经济俱乐部的英文演讲

课程主题	主题群	单元主题语境	拓展学习资源推荐
人与自然	1.自然生态 2.环境保护 3.灾害防范 4.宇宙探索	1.人与动植物〔人教版 Book 2 Unit 4 "Wildlife Protection"（野生动植物保护）〕 2.自然环境保护〔人教版 Book 6 Unit 4 "Art Global Warming"（全球变暖）〕 3.自然灾害与防范〔人教版 Book 1 Unit 4 "Earthquakes"（地震）〕 4.地球与宇宙奥秘探索〔人教版 Book 3 Unit 4 "Astronomy: the science of stars"（天文学：星球的科普知识）〕	1.①牛津上海版高三下 Module 1 Man and Animals, Unit 1 Endangered animals；②外研社必修5 Module 6 "Animals in Danger"；③Reader's Digest: The Call of the Wild 2.①外研社3 Module 4 "Sandstorms in Asia"；②VOA News（音频）："Kid Climate Educators open Adult Eyes" 3.①牛津上海版高二下 Module 3 "Our Fragile Environment"；②Unit 5 "Living in harmony"，Unit 6 "Problems and Solutions"；③Online News: How to Prepare for a Typhoon. 4.①牛津上海版高二上 Module 3 "the World of Science"；Unit 6 "Space Exploration"；②外研社必修4 Module 6 "Unexplained Mysteries of the Natural World"；③BBC News（音频）：Women in Space；④ Website: "Spacelight Now"

"人与社会"主题学习资源群目录

一、社会服务与人际沟通

单元主题语境：良好的人际关系与社会交往。

1. 教材资源

人教版Book 1 Unit 1 "Friendship"（友谊）。

2. 拓展学习资源推荐

（1）牛津译林版 Module 5 Unit 1 "Getting Along with Others"

（2）VOA News: "We Really Need Talk about Your Friends"

二、文学、艺术与体育

单元主题语境：艺术代表作品和人物。

1. 教材资源

人教版Book 6 Unit 1 "Art"（艺术）。

2. 拓展学习资源推荐

（1）外研社 Module 4 "Fine Arts—Western, Chinese and Pop Arts"

（2）Website: "Travel China Guide: Chinese paper-cut"

三、历史、社会与文化

单元主题语境：文化遗产。

1. 教材资源

人教版Book 2 Unit 1 "Cultural Relic"。

2. 拓展学习资源推荐

（1）外研社选修七 Module 7 Unit 6 "The World's Cultural Heritage"

（2）Website: "Chinese Cultural Relics: Ancient Architecture"

（3）视频 BBC 纪录片： "The Story of China"

四、科学与技术

单元主题语境：科技发展与信息技术、科学精神、信息安全。

1. 教材资源

人教版Book 2 Unit 3 "Computers"。

2. 拓展学习资源推荐

（1）牛津上海版Module 3 "The World of Science", Unit5 " Technology All around us"

（2）外研社必修一Module 6 "The Internet and Telecommunications"

（3）外研社必修三Module 5 "Great People and Great Inventions of Ancient China"

（4）（音频）BBC News: "Can We Trust a Smart Speaker?"

附录3　学生课前预学活动代表作

Book 3 Unit 5　"Canada—'The True North'"　课前预习

I. Look up the following words in the dictionary and give the English explanation

1.measure _____

2.manage _____

3.an urban area _____

4.fresh water _____

5.have a gift for sth _____

6.settle down _____

7.catch sight of _____

8.a multicultural country _____

II.Finish the following

1.Do you love your hometown? Introduce a place of interest in your hometown.

_____

_____

2. What do you want to know most about Canada? List five things about Canada you want to know and find out answers by yourself. If possible, surf the Internet or ask your teacher for help.

_____

_____

3. Read the passage on page 34 and answer the following question: how many places did Li Daiyu and her cousin go and what did they see there?

_____

_____

4. Read the passage carefully and underline the words you do not understand. If possible, write down the words in your exercise-book.

_____

_____

5. After reading the passage, you may know something more about Canada. What are the differences and similarities between China and Canada?

_____

_____

附录4　教学设计代表作

第十一届全国高中英语课堂教学观摩活动课例评选教学设计

浙江临海市回浦中学　曹军喜

课文标题	"The Paradox of Choice"
单元名称	自选材料
教材版本	自选材料
授课年级	高二

一、整体设计思路（其中须包含对教学内容的分析）

本文是一篇议论文，主题语境为：人与自我，是补充教材阅读的一个语篇。作者从手机的选择，以及人们感受的今昔对比导入观点，提出"选择的悖论"（the paradox of choice）："It is true that selection measures progress, but there is a limit: Option floods can destroy our quality of life."。

为了证明观点，作者分析了悖论的缘由，即过多的选择带来的负面影响，最后提出解决问题的建议，并告诫读者，在选择繁多的当今社会，"good enough" is the new "best choice"。本文语言优美、结构清晰、思维严谨。作者根据提出论点、分析原因、提供建议三个部分进行篇章架构，各部分采用不同方式进行严密的逻辑论证。

本课的设计基于学生英语核心素养的发展，始终关注内容、语言和思维三个维度的有机结合，综合而有侧重地进行教学设计。从文本解读、课堂分级目标设计、信息加工、策略获得、阅读体验等多个方面，引导学生吸收文本内容、培养思维能力、学习语言知识、体验阅读策略的运用。本文的结构始终围绕"It's true that selection measures progress, but there is a limit: Option floods can destroy our quality of life."这一悖论展开，从发现悖论、分析悖论到解决悖论，梳理文脉，到最后通过对作者中心观点的深层解读，加深学生对作者写作意图的理解。在整个阅读教学过程中，问题的设计和实施都以促进学生理解文本语言、厘清文本内容、发展思维为导向。在课堂的实施过程中，学生发挥课堂的主体地位，在仔细阅读后，通过提问促进课堂生成，教师通过评价和引导主导课堂走向。同时，通过分析文本中"选择的悖论"的相关内容，学生能够延伸至生活相关问题的分析和处理上。

二、教学目标

在本节课的学习中，学生能够：

（1）通过略读、细读等阅读技巧，把握语篇体裁，梳理文本结构，理解文本内容，即"选择的悖论"及其理由和建议，体会"'good enough' is the new 'best choice'"，并能结合生活实际进行深入理解。

（2）通过自主提问、圈词赏句等，识别语言功能，赏析内隐的语言含义，体会作者是如何谋篇布局、遣词造句的及其写作技巧。

（3）通过评鉴文本，赏析作者对于"选择"的观点、理由和论证方式及相关建议，发展思维品质。

三、教学重难点

学生自主提问，关注文本内在逻辑；评鉴文本中作者提出的观点、理由和论证方式以及相关建议，发展思维品质。

四、教学过程

Step 1: Understanding the key word "paradox"

Teacher's activity:

Get students to know what a paradox is by providing the definition and explaining two examples.

Students' activity:

Know what a paradox is by understanding its definition and two examples.

设计意图："paradox"一词是文章的核心词汇，又是难点词汇。首先，教师通过英文解释，使学生对该词有初步的了解。通过两个具体例子，学生会进一步明白什么叫作"悖论"。

Step 2: Reading for the text type and the structure of the article

Teacher's activity:

Ask students to skim the article for the text type and structure by paying special attention to the first and last sentence of each paragraph. Meanwhile, tell students to underline the words that indicate the structure.

Students' activity:

Skim the article to figure out the text type and the structure of the article. Meantime, underline the words which show the structure of the article and figure out the main idea of each part.

设计意图：在进入文本阅读之初，让学生对文本进行整体阅读，以了解文本大意，确定语篇文体，厘清文章结构。通过问题How do you know的追问，引导学生追踪答案的思维过程，通过定位信号词，如first, second, finally, why, so, what等，引导学生关注段落之间的逻辑关系，强化和提升学生在有限时间内运用有效的阅读策略快速把握文本结构的能力。同时，通过结合文章的过渡句和文体特点，归纳出每一部分的主旨。

Step 3: Reading — Sharing — Exploring

Teacher's activity:

Ask students to read the passage for about 7 minutes and come up with questions for their classmates based on what impression them most. During the question time, guide or inspire students to have a further understanding of the article.

Students' activity:

Read the article carefully for about 7 minutes. While reading, think carefully what impresses them most and come up with questions for their classmates. After reading, ask and answer questions to share their understandings and meantime further explore the topic

You may ask your classmates 2 ~ 3 questions: What impresses you most? Why?	Your key words (Content words)	Your key words (Signal words)

设计意图：本环节是本节阅读课的核心环节。采用无干扰的整体默读教学，而不是割裂的、肢解的碎片化阅读教学。此外，本环节采用学生读后提问的方式来分享和呈现其对文本的理解和关注点，让学生发表自己的看法，发展了学生自主探究的思维品质。教师在解答的过程中，会根据学生的问题和回答，进一步引导学生对文本进行深入探究。本环节重点要让学生准确理解"the paradox of choice"，以及让学生在分析和探讨中去体会"'good enough' is the new 'best choice'."。此外，文章中作者的论据及论证方式也很重要。因此，教师也预设了一张表格来引导学生深度梳理作者论证的方式（PEE: Point—Evidence—Explanation）。表格能够有效地将复杂和高难度的信息转换成直观信息，从而降低理解的难度，帮助学生更为有效地提取信息。

此外，通过对每一条论据的总结，学生能更直观地感知过多选择的负面影响。同时，在阅读的过程中，学生根据worksheet上的提示，对相关话题语言进行摘录、梳理和内化。

Step 4: Sharing the understanding of the concluding advice

Teacher's activity:

Draw students' attention to the concluding advice, "good enough" is the new "best choice" and get them to talk about their understanding of it based on their own experience.

Students' activity:

Share their understanding of the concluding advice, "good enough" is the new "best choice", and illustrate it based on their experiences in life.

设计意图：该句子是回应本篇文章中心论点的关键句，内涵深刻，理解起来有一定的难度。所以，教师要引导学生深入梳理，将作者提供的建议与造成"选择的悖论"的三个原因进行逻辑意义上的对应，提升学生的思维高度。同时，鼓励学生结合生活实际，对此进行更深入的理解。

Step 5: Application

Teacher's activity:

Ask students to share their situations and feelings when they are faced with option floods and meanwhile put forward solutions and reasons based on the suggestions given in the article.

Students' activity:

Share their situations and feelings when they are faced with option floods and meanwhile put forward solutions and reasons based on the suggestions given in the article

设计意图：本环节采用Text—World Connection教学策略，让学生结合自身生活实际，进一步理解"选择的悖论"的论据以及建议。该活动旨在帮助学生将所学的知识和能力迁移到课外的真实生活情境中，寻求文本内容与认知世界之间的联系，反思文本及进行自我评估，培养思辨能力，拓展综合视野。

（注：如果课堂时间不够，该环节则留作课后作业，但从输出的效果上基本没有差别。因为对文本的深入解读，让学生有了高效的输入，因此输出可以是课堂的一部分，也可以留在课外，作为课堂的延伸。）

Homework:

（1）Put your understanding of "Good enough" is the new "best choice" into a paragraph.

（2）Write a passage about your experience of being faced with option foods.

设计意图：写作训练是口头到书面的落实，是课内活动向课外的延伸，是本课教学环节的有效延续，也是学生从"输入"走向"输出"，从"学习理解"到"应用实践"再到"迁移创新"逐渐学习的过程，旨在巩固和内化课堂里的语言习得和内容整合，并有效培养其创造性思维能力和写作能力。

五、板书设计

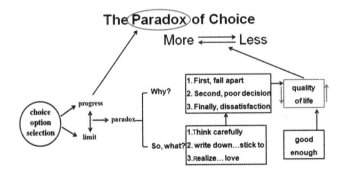

设计意图：板书是课堂教学的有益辅助，是教学重点的凝练呈现。框线图表型的呈现方式使得板书简洁、直观。最上方是文章的标题，圈出Paradox，突显文章的主题。左边是文章的核心内容，即"选择的悖论"，圆圈里面是有关选择的核心目标词块choice/option/selection，箭头和方向能让学生更好地理解"悖论"的词义和内涵；中间是作者提供的理由以及解开"选择的悖论"方法的关键词。板书quality of life旁向下的箭头表示option foods can destroy our quality of life。板书右下方的good enough是作者给的总结性建议，只有将good enough作为新的best choice，生活质量才会提升（用quality of life旁向上的箭头表示），最后得出"More is less""Less is more"，作为文本的升华。同时，通过板书上的"Why?""So, what""First""think""write"等体现了文章语言凝练的特点

附录5 学生作品

作品1:

课外阅读书评作业 Reflection of Little Prince

——By Yang Weiwei

台州市第一中学 靳燕提供

"It is only with the heart that one can see rightly; what is essential is invisible to the eye."

——Little Prince

It is a famous fairy tale which the author claimed is designed for adults. After reading, I personally think it's for me, for everyone at every age.

The story mainly tells the experiences of a little prince from a tiny planet, who traveled to many other planets and finally came to the earth and met the pilot in a desert. Before he came to the earth, the little prince had been to other six planets where he met six strange people.

The first one was a king who regarded himself as the governor of the space but had no power at all. The second one is a conceited man, who accepted any compliments of all kinds. The third person is a drunker, who hated drinking wines, but he got drunk all the time in order to forget the fact that he drank. The fourth man is a businessman that owned nothing but stars in the space. He kept calculating and believed that stars made him rich. He just owned them, but they were of no use to him. The fifth planet lived a lamplighter who did his job blindly, which resulted in making himself tired. The last one was a geographer who only cared about the consequences but never practiced.

Actually, those six strange people have one thing in common: they ignore the really beautiful things in the world. And I realize that I'm similar to the lamplighter in a way. I study hard and finish my homework every day; sometimes I get tired of it, but I have to finish it so that I can be admitted to a key university. To achieve this, I keep moving on. It's sad to say this. Sometimes, I just study aimlessly, which take away much happiness from study. So I think that I should change my mind. We study hard in order that we can be satisfied with our future, but we ignore the presence. Find fun in study, and then things may be better.

So then the seventh planet was the earth. There he met Mr. Snake and tamed the fox, and later, he met the pilot. "You are beautiful, but you are empty. One could not die for you. To be sure, an ordinary passerby would think that my rose looked just like you—the rose that belongs to me. But in herself alone she is more important than all the hundreds of other roses: because it is her that I have watered; because it is her that I have put under the glass globe; because it is her that I have sheltered behind the screen; because it is for her that I have killed the caterpillars; because it is her that I have listened to, when she grumbles, or boasts, or even sometimes when she says nothing, because she is my rose."

The rose is a symbol of our loved things. It is because we spend so much time on them that they become so important and unique to us. The little prince loves his rose, although he is so proud.

I have always loved the desert. One sits down on a desert sand dune, sees nothing and hears nothing. Yet through the silence something throbs, and gleams... "What makes the desert beautiful," said the little prince, "is that somewhere it hides a well..." It is just like treasures. What gives them their beauty is something that is invisible.

Like life, even if it's hard, she also gives us surprises. "It is only with the heart that one can see rightly; what is essential is invisible to the eye." The most important things cannot be seen through eyes. Hearts can feel them.

This book tells us how to love. It tells us which attitudes we should have towards life and jobs. It tells that people should help each other, and care about each other.

作品2:

过程性评价运用于写作活动

三门中学　王文召提供

Homework:

"Robot"无疑是一篇非常优美的语篇，请同学们仔细阅读文本，从不同的视角、以实际的例子来说明语篇的优美所在。同时根据自己总结的"美点"编写一个小故事（文字不限，但须标注自己认为优美的句子）。

式的使用：从句、被动语态、独立结构、强调句、倒装句，非谓语的运用，（写得好的句子打上对号并写些激励性话语：写得不够好的，给出更好的修改意见）6、字迹和卷面：给出合理评价和建议。7、提示词：是否使用提示词并打上横线（没有打横线的情况糟糕）

词汇之美 test out, bonus, alarmed, ridiculous, elegant, sympathy, favour, a pile of ~, scan, with wonder, a list of items for, awful, weep with anger, steadily Cuisine,

外貌 He was tall and handsome with smooth hair and a deep voice although his facial expression never changed.

行进 especially, although, or rather, as she turned around after all, By that time, even though, The night of the party arrived, at that moment

环境 The night of the party arrived. The clock struck eight.

动作 ①On the second morning Tony, wearing an apron, brought her breakfast and then asked her whether she needed help dressing

②She looked at his fingers with wonder as they turned each page and suddenly reached for his hand.

同伴互评总评（建议、评价和分数）:

③When Claire got home, she wept with anger in her armchair.

④She fell off as a ladder and even though Tony was in the next room, he managed to catch her in time. He held her firmly in his arms and she felt the warmth of his body. She screamed, pushed him away and ran to her room for the rest of the day.

⑤At that moment, Tony folded his arms around her, bending his face close to hers.

读后续写提升版

情感 ① It was disturbing and frightening that he looked so human.

② an alarmed ③ amazed ④ Ha: awful ⑤ How awful

to be discovered by her, Claire thought.

句式 ① 定语从句 Larry who ~ 语法填空 ① more like n. than n.

② 同位语, Claire, one of ~   ② be + adj. to sb.

③ 感叹句, How absurd/What a ~   ③ be to do sth

④ 非谓语, telling him ~   ④ 非谓语

⑤ 倒装句, there stood ~   ⑤ would be doing soon

                               ⑥ have sb. doing ~

附录6　调查问卷

旅游主题板块：

英语学科核心素养培养的调查问卷

亲爱的同学：

　　你好！为调查我校英语学习者的学科核心素养现状，请如实填写以下问卷。本问卷采用匿名方式填写，谢谢配合！

　　请根据以下陈述，选择符合你的情况的选项，填入括号中。

A. 完全符合　　　　　　　　B. 基本符合

C. 不确定　　　　　　　　　D. 不太符合

E. 完全不符合

一、语言能力

1. 我能听懂与课文难度相当的听力材料的绝大部分内容。（　　　）

2. 对于熟悉的话题，我能流利、准确、得体地用英语与他人进行交流。（　　　）

3. 我能轻松理解与课文难度差不多的文章。（　　　）

4. 我在写作时能紧扣主题，覆盖作文题要点，内容充实，语法结构和词汇丰富。（　　　）

5. 根据读音，我可以写出不太熟悉的英文单词。（　　　）

6. 我很好地掌握了时间、地点和方位的常用表达方式。（　　　）

7. 在阅读比课文稍难的英语文章时，我可以克服生词困难，根据语境理解文章大意。（　　　）

8. 我能判断英语文章所要表达的意图及句子间的关系。（　　　）

二、文化意识

9. 虽然外国人有些行为比较"怪异"，我也能较好地理解和尊重这种差异。（　　　）

10. 我在谈话时会辅以表情、手势等肢体语言，并能准确地明白别人的肢体语言。（　　　）

11. 我能听懂英文听力材料中通过语气传达出的微妙的含义。（　　　）

12. 我认为西方发达国家拥有比中国更好的文化。（　　　）

13. 我对英语语言国家的文化很有兴趣。（　　　）

14. 我知道很多英语语言国家的文化知识。（　　　）

三、思维品质

15. 我觉得英语教材里的文章在语言、内容等方面比较完美，几乎无懈可击。（　　　）

16. 我做事很有计划性，学习和生活安排得很有条理。（　　　）

17. 我经常会有标新立异的观点。（　　　）

18. 即使是在面临复杂问题时，我仍能理性地思考。（　　　）

19. 我曾多次在课堂上发表与老师或其他同学不同的见解。（　　　）

20. 在课堂上，对于老师的提问，我总是积极思考。（　　　）

四、学习能力

21. 我对英语学习很有兴趣。（　　　）

22. 我相信自己会更努力学习英语，英语成绩会越来越好。（　　　）

23. 我找到了适合自己的学习方法，英语学习效率很好。（　　　）

24. 遇到英语学习上自己无法解决的问题，我能通过各种渠道向别人寻求帮助。（　　　）

25. 我有明确的各阶段的英语学习目标和学习计划。（　　　）

26. 我觉得，在讲英语和用英语写作时，即使犯些语言错误也不要紧。（　　　）

27. 在课外，我会从网络、书报等渠道找与英语学习有关的材料。（　　　）

28. 老师上课讲的内容，我基本都能听懂。（　　　）

29. 我会主动把握学习机会，如与外国人聊天，加入英语社团，参加课堂讨论，等等。（　　　）

30. 遇到成功或是失败，我都能较好地调整心态，继续努力学习。（　　　）

再次感谢！

文学主题板块：

教师问卷调查表

尊敬的老师，感谢您在百忙之中抽时间完成此次调查。本次调查仅作为教学研究之用，敬请如实回答。

1. 您会推荐学生读哪一类的课外读物？（可多选）（　　　）

A. 报纸　　　　　　　　　　　B. 杂志

C. 练习册里的阅读材料　　　　D. 经典文学作品

2. 您觉得在学生课外阅读的过程中，是否有必要对学生进行阅读策略的指导？（　　　）

A. 非常有必要　　　　　　　　B. 有必要

C. 有点必要　　　　　　　　　D. 不必要

3. 您是否对学生进行过相关阅读策略指导？（　　　）

A. 经常　　　　　　　　　　　B. 有时

C. 很少　　　　　　　　　　　D. 从不

4. 您觉得学生的文学素养如何？（　　　）

A. 非常好　　　　　　　　　　B. 比较好

C. 一般　　　　　　　　　　　D. 比较差

5. 您认为课外阅读对于学生成绩的提高有帮助吗？（　　　）

A. 很有帮助　　　　　　　　　B. 有一些帮助

C. 没太大帮助　　　　　　　　D. 没帮助

6. 您认为学生的课外阅读能给他们带来怎样的收获？

学生问卷调查表

同学们，为了更好地了解大家的英语文学课外阅读情况及兴趣，以便提供有针对性的指导，我们特组织此次调查，本卷不记名，敬请大家如实填写。

1. 你觉得课外阅读有助于提高你的英语能力吗？（　　　）

A. 非常同意　　　　　　　　　　B. 同意

C. 不太同意　　　　　　　　　　D. 不同意

2. 你更喜欢哪一类英语课外阅读文章？（　　　）

A. 知识性　　　　　　　　　　　B. 趣味性

C. 历史性　　　　　　　　　　　D. 评论性

3. 以下读物，你更愿意选择哪类读物？（　　　）

A. 英语报纸（如《21世纪中学生英语报》）

B. 英语剧本

C. 中学生经典文学作品（如《简·爱》）

D. 英语杂志（如《英语沙龙》）

4. 你觉得对英语阅读理解影响最大的因素是什么？（　　　）

A. 词汇量　　　　　　　　　　　B. 阅读速度

C. 背景知识　　　　　　　　　　D. 阅读题材

5. 你进行英语课外阅读的最主要目的是什么？（　　　）

A. 完成老师布置的任务　　　　　B. 提高英语阅读水平

C. 了解异国文化　　　　　　　　D. 领悟作者的思想

6. 你希望老师对你的课外阅读进行哪方面的指导？（　　　）

A. 阅读策略　　　　　　　　　　B. 阅读材料的选择

C. 文化背景知识　　　　　　　　D. 中心思想的提炼

学生阅读策略自我评价调查

同学们，这是关于英语简本小说阅读情况的问卷调查。请你根据自己的真实情况，判断与下列所描述情况的相符程度。敬请如实填写，谢谢！

（A. 一点不符合　B. 基本不符合　C. 有点符合　D. 基本符合　E. 很符合）

阅读认知：

1. 阅读前，我会阅读小说的背景资料和作者简介。（　　）

2. 阅读前，我会采用略读、寻读等阅读技巧。（　　）

3. 阅读中碰到新单词，我会查字典或通过上下文猜词。（　　）

4. 在阅读中，我会积极思考。（　　）

5. 碰到好词好句，我会摘录下来。（　　）

6. 我会朗诵或背诵一些小说中的精彩片段。（　　）

7. 阅读后，我会写书评以加深理解。（　　）

8. 我会通过影视材料或网络来加深对小说的理解。（　　）

阅读调控：

1. 我会事先制订好小说阅读计划（时间、章节）。

2. 如果有特殊情况影响了我的阅读计划，我会设法弥补。

3. 我积极探索适合自己的小说阅读策略。

4. 阅读中碰到困难时，我会寻求老师和同学的帮助。

5. 我能坚持读完一本小说，不会中途放弃。

阅读兴趣：

1. 我有意识地培养阅读英语小说的兴趣。

2. 我对小说阅读有积极的态度。

3. 阅读过程中，我能克服畏难和焦虑的心理。

4. 我对英语小说阅读充满信心。

5. 我乐于和同学分享阅读内容、想法。